KB044659

삶은
풀어야 할
문제가 아니라

경험해야 할
신비입니다

삶은
풀어야 할
문제가 아니라

장길섭 지음

경험해야 할
신비입니다

바다출판사

　어제는 경남 산청에 있는 황매산에 다녀왔습니다. 산청 가까운 곳에 사는 벗들과 함께하는 산행이었습니다. 비는 내리고 온 산 가득 안개가 퍼져 있었지만, 우리는 정상까지 다녀오기로 하고 철쭉이 피어 있는 산을 오르기 시작했습니다. 정상이라고 해야 해발 1,000미터가 조금 넘는 정도여서 금세 다녀올 수 있을 거라 생각한 것이지요.

　그런데 내려오는 길에 그만 길을 잃고 말았습니다. 걷다 보니 오를 때와는 다른 길이 나오고, 전혀 보이지 않던 벌판이 나오는 것이었습니다. 더군다나 안개는 점점 짙어져 5미터 앞도 분간할 수 없을 정도가 되었고, 서로를 부르는 목소리는 빗소리에 묻혀 잘 들리지도 않았습니다. 결국 함께 산행을 시작했던 우리는 몇몇 그룹으로 흩어지고 말았지요. 그러자 다들 휴대전화기를 꺼내어 통화를 하기 시작합니다.

"어떡하죠? 길을 잃은 것 같아요."

"지금 어디 있는데요?"

"글쎄요. 여기가 어딘지 잘 모르겠는데…."

"어디 있는지 모르면 우리가 찾으러 갈 수가 없잖아요?"

주고받는 대화를 가만히 듣다 보니 정말 그렇다는 생각이 듭니다. 내가 지금 어디 있는지 모르는데 누가 나의 길을 찾아 줄 수 있겠습니까? 그래서 지금 내가 어디 있는지를 아는 것이 중요한 것입니다. 바로 거기에서 출발해야 내가 가야할 길을 발견할 수 있을 테니까요.

하나님이, 신이 어디 계신지 안다고 주장하는 사람들이 있지요. 그들에게 묻고 싶습니다. "하나님이 어디 계신지 아는 그대는 지금 어디 있습니까?"라고요. 누군가 정말로 하나님이 어디서 무엇을 하고 그분의 성품이 어떠한지를 안다고 칩시다. 그렇다 해도 그가 만약 자기 자신이 누구고 어디 있으며 무엇을 하고 싶은지 모른다면, 그런 앎이 진정한 앎이라고 할 수 있을까요?

저도 과거에 참으로 오랫동안 내가 정말 누구인지 궁금해했습니다. 그것을 몰라 답답해하며 울기도 많이 울었지요. 그러다 94년 3월 24일 오후 4시에 눈에서 비늘이 벗겨지면서 '아, 이것이 정말 나로구나!'하는 경험을 하기에 이릅니다. 내가 누구인지 묻고 또 묻는 중에 비로소 알게 된 것이지요. 빛을 본 것입니다.

그때 경험한 빛, 그때 알게 된 세계를 전하는 통로로 만든 것이 바로 삶의 예술 ALP(Art of Life Program)입니다. 올해로 꼭 10년이 됐네요. 그동안 신분, 직업, 나이, 종교, 성별에 상관없이 어울려 프로그램을 하면서 "보시기 참 좋았다"고 한 영성 세계를 체험한 사람이 어느덧 4,000명을 넘어섰습니다.

이 책은 ALP와 인연을 맺은 분들에게 두 달에 한 번씩 보내는 《하늘씨앗》이라는 소식지에 수록된 '아침햇살 영성 강의'를 모은 것입니다. 언어를 넘어선 신비, 말로는 할 수 없는 직관의 세계를 체험하는 것이 ALP이다 보니 그 내용을 글로 전하는 것이 조심스러운 게 사실입니다만, 그래도 내가 누구고 어떻게 살아야 하는지를 묻는 벗들에게 조금이나마 도움을 주기 위해 이 책을 펴냅니다.

이 책은 어떤 주제를 놓고 논리적으로 쓴 것이 아니라 일상에서 경험을 통해 체득한 것을 그때그때 풀어쓴 것입니다. 제가 이런 경험을 할 수 있는 것은, 자신의 삶을 솔직하게 고백해 준 많은 ALP도반들이 있기 때문입니다. 그들 모두에게 감사한 마음을 전합니다.

2002년 4월 30일
장대울에서 아침햇살

한 소년이 시험을 치고 있습니다.

시험지에 원뿔이 그려져 있는 걸로 봐서 수학 시간인 듯합니다. 종이 울려 선생님이 답안지를 걷어가기 전에 소년은 그 원뿔의 면적을 계산해야 하지요. 그런데 도통 문제가 풀리지 않는 겁니다. 이런저런 공식을 대입시켜 봐도 답이 안 나와요. 진땀을 흘리다 못해 소년은 옆 친구를 툭툭 칩니다. 하지만 친구는 답을 가르쳐 주지 않습니다. 또 다른 친구의 답안지를 흘깃거려도 답은 보이지 않습니다. 소년은 점점 애가 타지요. 그러다 마침내 울음을 터뜨리기 일보 직전, 소년은 눈을 뜨고 깨어납니다. 이마엔 아직도 땀이 맺혀 있고 입술은 바싹 말라 있어요. 하지만 이제는 더 이상 애가 타지도, 걱정이 되지도 않습니다. 방금 전까지의 일이 전부 꿈이었다는 것을 알고 있으니까요.

그래요, 깨어나지 못하고 꿈속을 헤맬 때는 문제였지요.

원뿔이 문제고, 내가 그 면적을 모른다는 것도 문제고, 친구가 답을 알려주지 않는다는 것도 문제였습니다. 그런데 깨어나니 어때요? 그 모든 문제가 사라지고 없지요?

우리의 인생도 마찬가지가 아닌가 싶습니다. 잠자는 의식으로 살면 세상이 온통 문제로 보입니다. 그걸 풀지 않으면 절대 행복해질 수 없을 것 같은 문제들, 그래서 더 기를 쓰고 달려들지만 결코 풀리지 않는 문제들로 가득 찬 것처럼 보인다고요. 하지만 깨어나면 다르지요. 애초부터 문제는 없었음을 알게 됩니다. 있는 그대로의 내가 사랑이고 행복임을, 있는 그대로의 세상이 일체 은혜, 감사임을 비로소 깨닫게 되는 겁니다.

'삶은 풀어야 할 문제가 아니라 경험해야 할 신비입니다.'

2002년, 처음 이 책을 펴내면서 제목을 무어라 할까 고심하다가 위의 구절을 떠올리고는 무척 기뻐했던 것을 지금도 기억합니다. 그래, 바로 이거야, 하는 느낌이 왔다고 할까요? 이는 의식 변화 프로그램 ALP 코스를 안내하면서 사람들이 변화되는 것을 볼 때의 느낌과 매우 흡사했습니다. 평생 화날 일, 싫은 사람, 짜증나는 것에 갇혀 살다가 거기에서 해방되는 순간에 깃을 털고 일어나 새처럼 날아오르는 사람들의 모습을 볼 때면, 나도 모르게 속으로 '그래, 바로 이거야! 이게 진짜 나고 진짜 삶이지!' 하고 감탄한 적이 한두 번이 아니었으니까요. 그래서 주저 없이 이 제목으로 책을 발행했던 것입니다.

그 후로 벌써 8년의 세월이 흘러 이렇게 개정판을 준비하는 지금, 여전히 이 제목에 가슴이 뛰는 것을 발견하게 됩니다. 삶은 문제가 아닌 신비임을, 살아 볼수록 정말 그렇다는 것을 더 깊이 느끼기 때문이 아닐까 합니다.

하지만 이런 신비는 깨어 있는 자만이 누리는 특권이고 축복이지요.

옳고 그름과 좋고 싫음, 아름다움과 추함 등의 분별과 판단에 갇혀서는, 화내고 성내고 미워하고 집착하는 나를 진짜 나로 알고 살아서는 절대 보고 듣고 경험할 수 없는 세계입니다. 이와 관련한 아주 적절한 비유가 있는데 한번 들어 보시겠습니까?

한 무리의 관광객이 열차를 타고 어디론가 여행을 떠납니다. 그 열차가 지나는 길에는 푸른 호수도 있고 물소리 청정한 계곡도 있고 또 갈매기 울음소리 드높은 바다도 있습니다. 그뿐인가요? 파란 달이 뜨는 사막이 있는가 하면, 하얗게 빛나는 설원도 끝없이 펼쳐져 있지요. 그런데 그 기차에는 창문마다 커튼이 내려져 있어 그 상태로는 바깥 풍경을 볼 수 없습니다. 더군다나 관광객 중 누구도 커튼을 열면 뭐가 보일지, 어떤 근사한 풍경이 펼쳐질지 궁금해하지 않는 거예요. 그들은 오로지 '누구 자리가 더 편한가' '어느 자리에서 텔레비전이 더 잘 보이나' '어디에 앉아야 편하게 다리를 뻗을 수 있나' 이런 것에만 관심을 가질 뿐입니다. 결국 얼마 지나지 않아 자리다툼이 시작되고, 그들은 서로 욕하고 싸우는 것으로 시간을 보냅니다. 그랬더니 어느 순간 기차가 멈추면서 이제 다 왔으니 내리라는 방송이 나오더랍니다. 싸우는 사이에 여행이 그만 끝나 버리고 만 거지요.

커튼을 여는 것, 그것이 바로 눈 뜨고 귀 열고 의식을 깨우는 겁니다.

그것만 활짝 열어젖히면 세상이 내게 들어옵니다. 삶을 보고 듣고 접촉하고 느낄 수 있어요. 자기 자신과 깊이, 뜨겁게 만날 수 있다고요. 그런데 왜 꼭꼭 커튼을 닫아걸고 문제 푸는 데만 골몰하는 겁니까? 그렇게 살다 끝내기에는 인생이 너무 아깝지 않은가요?

그러니 이제라도 커튼을 여십시오. 먼저 내 안 가득 바람이 들어오는 것을 느끼면서 숨을 들이마시고 내쉬어 봅니다. 그 안에는 이 지구별을 왔다간 모든 생명체의 숨이 살아 있습니다. 그것이 다 나에게로 와서 내가 되는 것입니다. 그럼 이제 눈을 들어 하늘을 볼까요? 구름이 끼어 있다고요? 하지만 그 위는 여전히 푸르고 너른 하늘이지요. 나도 원래는 그와 같음을 기억하세요. 무수히 많은 생각과 감정이 일어나도 그것은 결국 한갓 구름인 것입니다. 슬픔과 무기력과 분노와 교만이 나를 집어삼킨다 해도 그것 또한 지나가는 구름에 불과한 것입니다. 나는 그 위에 있지요. 그것만 기억하면 일어났다 사라지는 그 모든 것에 초연할 수 있습니다.

이런 내가 정말 좋지 않습니까?

흘러가는 모든 것을 지켜보는 나. 그러나 세상을 등지는 대신 그 속에 뛰어들어 하늘의 씨앗을 심는 나. 하고 싶은 것을 하고, 지금 할 수 있는 것을 하면서 완전히 쓰임 받는 나. 그런 나로 사는 삶이 정말 멋지지 않은가요?

그래요. 삶이 문제가 아니라면 정답도 없을 것입니다. 나로 살다 가면 그게 최고의 삶인 것이지요. 그래서 깨어나기는 삶의 예술이고, 깨어난 사람은 삶의 예술가인 것입니다. 이 지구별은 그 예술을 선보이는 무대요, 전시장이고요. 이렇게 해서 시나브로 아, 재, 신(지구는 아름답고 삶은 재미있고 나는 신난다)의 시대가 열리는 것입니다. 인간으로 와서 우리가 할 일은 오직 이것뿐입니다.

2010년 가을에, 아침햇살 드림.

차례

연금술은
인간 내면의 변화를 말하는 것입니다

슬픔을 기쁨으로
실패를 성공으로
화 에너지를 창조로
성 에너지를 사랑으로

일상에서 금을 만들어 내는 기술을 익히고
생활에서 금을 발견하는 예술을 배운
그대가 바로 연금술사입니다

1장

3차원에서 3.6차원으로

_애벌레가 나비로 깨어나는 여행

삶은 문제집이 아니다

오래전에 알고 지내던 한 후배가 어느 날 저녁에 전화를 하더니 우리 집에 오겠다고 합니다. 전화를 끊고 그가 오길 기다리는데 마음이 살짝 설레는 걸 느낍니다. 10년 만의 만남이니 왜 안 그렇겠어요. 길다면 긴 세월 동안 후배는 어떻게 살았을까, 또 얼마나 변했을까 그런 것들이 궁금하기도 하고 말이지요.

그날 밤 9시경에 후배가 도착했고, 우리는 곧 밀린 이야기를 나누기 시작했습니다. 사실 그것은 대화라기보다도 후배의 일방적인 열변과 토로에 다름 아니었지만 '이 친구가 자기 얘기 풀어놓는 것에 상당히 목말라 있구나' 하고 그냥 묵묵히 들어 주었지요. 그런데 밤 11시가 훌쩍 넘어가고 자정을 지나 새벽 2시에 이르도록 그 후배는 줄곧 같은 말만 하는 거예요. 전부 불평이고 불만입니다. 누구는 이래서 싫고 누구는 저래서 못마땅하고, 또 누구는 이유 없이 밉고. 가까운 친구와 동료와 선후배, 심지어는 부모와 형제도 예외는 아니었죠. 어디 그뿐인가요. 그에겐 이 나라의 정치, 경제, 사회, 문화도 온통 문제투성이였어요. 그래서 듣다듣다 지친 내가 이렇게 물었지요.

"대체 너에게 문제가 아닌 것은 뭐니? 가정도 문제고 교회도 문제고, 또 이 나라의 정치와 경제도 문제고. 하다못해 네가 키우는 강아지가 허약한 것도 문제라니, 그렇다면 네 삶은 곧 문제집인 거냐?"

문제로 보는 게 문제

비단 그 후배만이 아닙니다. 제가 볼 때는 우리 주위에 이렇게 사는 사람이 많아요. 그들에겐 세상의 그 어떤 것도 문제 아닌 게 없습니다. 남편이 문제고 아내가 문제지요. 자녀가 공부를 못하면 문제고, 너무 공부만 해도 문제입니다. 교회가 작으나 크나 문제고, 사업이 안 되면 안 되는 대로 문제고 잘 돼서 너무 커져도 문제예요. 그러니까 사는 게 괴롭지요. 해결되지 않는 문제에 자기의 에너지를 몽땅 쏟아부으니까 힘들고 재미도 없고 신명이 안 나는 겁니다.

그러면 대체 왜 이렇게 풀리는 문제는 없고 점점 더 쌓이기만 하는 걸까요? 정말로 삶 자체가 '끝이 보이지 않는 문제 덩어리'이기 때문인가요? 아니지요. 곰곰이 생각해 보면 알 수 있습니다. 누가 문제를 내게 억지로 떠넘긴 것이 아니라는 사실을요. 문제를 내준 사람은 없는데 스스로 문제를 떠메고 끙끙 앓고 있다는 것을 말입니다. 즉, 문제는 밖에서 들어온 게 아니라 내 안에 있다는 겁니다.

어떤 사람이 '산에 가려고 했는데 비 때문에 망쳐서 기분이 나쁘다'고 말합니다. 대개는 이런 말을 아무 의심 없이 내뱉고 받아들이는데, 이게 과연 '말이 되는' 말일까요? 잘 보세요. 날씨는 그냥 제 길을 가고 있을 뿐입니다. 맑은 날이 있으면 흐린 날도 있지요. 때로는 비도 내리고 눈도 옵니다. 날씨란 원래 그런 법이에요. 그런데 그 날씨가 나의 산행을 방해해서 기분이 나쁘다니, 말이 안 되는 겁니다.

산행을 '망친' 것은 비일까, 내 마음일까?

주의 깊게, 그리고 정직하게 보세요. 비가 와서 산행을 망쳤다고 할 때 '망쳤다'는 기분이 들게 한 것은 날씨입니까, 아니면 자기 마음입니까? 내가 바꿀 수 없는 날씨를 어떻게 해보려는 마음, 내가 원하는 대로 바꾸고 싶어 하는 그 마음이 부정적인 감정으로 이어진 것은 아닐까요? 내가 원하는 건 맑고 화창한 날씨인데 그게 안 되니까 날씨를 원망하고 탓하고 화를 내는 것 아니냐고요.

다른 예를 하나 더 들어볼게요. 내가 차표를 사려고 줄을 서 있는데 어떤 이가 새치기를 합니다. 그때 화나고 기분 상하는 사람은 누구입니까? 새치기를 한 사람입니까, 아니면 규칙대로 줄을 서서 기다리는 사람입니까? 보통 줄 서서 기다리던 사람이 화를 내는데 이것이 참 묘한 일이에요. 자기가 옳다고 생각하는 규칙을 지키면서 화를 내니까 이상한 겁니다. 이유가 뭐예요? 상대도 나와 같이 규칙을 지켰으면 좋겠다는 생각, 그래야 한다는 신념 때문이지요. 자기가 원하는 대로, 믿는 대로 상대가 따라주지 않으니까 화를 내는 겁니다. 그러고 보니 부정적인 감정을 일으키는 요소가 내 안에 있다는 것이 확실히 드러나죠?

혹시 지금 세상이 전쟁터로 보이고 삶이 풀기 어려운 문제집으로 느껴진다면, 먼저 자신이 어떤 시선으로 세상을 바라보는지, 어떤 원리에 의해 살아가고 있는지부터 살펴보십시오. 내가 원하는 대로, 옳다고 생각하는 대로 되지 않을 때마다 '문제'의 낙인을 찍고 있지는 않는지요. 그렇다면 문제는 여러분 안에 있는 겁니다.

조건부 행복은 불행의 시작

제가 하는 일이 사람들 모아놓고 연수 프로그램을 안내하다 보니 이런저런 사람들을 참 많이 만나게 됩니다. 그런데 열이면 열, 백이면 백, 하나도 같은 사람이 없어요. 외모, 나이, 직업, 성격, 학력, 고향, 종교… 다 다릅니다. 기업 운영을 책임지는 최고경영자가 오는가 하면, 몇 년째 실직 상태인 백수도 옵니다. 목사님과 신부님, 그리고 스님도 오지요. 우울증으로 고생하는 주부부터 우리나라 최고 지성이 모인다는 서울대 박사까지 고루 옵니다. 그런데 이렇게 서로 다른 이들이 한 목소리로 고백하는 게 있어요. 그건 바로 "나는 행복하지 않다"는 겁니다.

이야기를 들어 보면 다들 제각각 이유가 있지요. 누구는 가난해서, 누구는 실연을 당해서, 누구는 결혼을 잘못하고 부부관계가 원활하지 않아서, 누구는 부모 잘못 만나서 행복하지 않다고 합니다. 또 어떤 이는 회사 사정이 어려워서, 아들이 속을 썩여서 살기 힘들다고 하고요. 다시 말해 그들에게 행복이란 조건부인 거지요. 충족시켜야 할 조건들이 너무나 많습니다.

~해야 행복하다는 것은 사실일까?

그런데 참 이상하죠? 다들 자기가 생각하는 행복의 조건에 대해 그것이 '사실'인지 아닌지 조금도 의심하거나 따져보거나 점검하지 않습니다. 행복이란 우리가 사는 데 아주 중요한 주제잖아요. 그런데도 어떻게 그에 대한 접근이 그처럼 단순하고 무지할 수 있는 걸까요? 조금만 주의를 기울여 살펴보기만 해도 자기의 그런 생각들이 사실이 아닌 주관적인 착각 내지는 환상이라는 게 여실히 드러나는데 말이에요.

예를 들어 건강과 돈이 행복의 척도고 필수조건이라 칩시다. 만약 이게 사실이라면 어떤 일이 벌어질까요? 병에 걸린 사람들과 가난한 이들은 전부 삶을 저주하고 고통에 몸부림쳐야 합니다. 하지만 주변엔 의외로 그렇지 않은 이들이 많아요. 똑같이 암이나 에

이즈에 걸려 시한부 인생을 살아도 어떤 사람은 절망에 빠져 자기 자신과 주변 사람을 괴롭히는 반면, 어떤 이는 남은 생에 감사하며 매일을 기쁘게 맞이합니다. 자기의 병을 바라보는 관점과 태도가 다른 거지요.

마찬가지로 돈이 많다고 꼭 행복한 것도, 가난해서 불행한 것도 아니죠? 가난하지만 긍정적인 마음으로 주변과 조화를 이루며 사는 사람이 있는가 하면, 돈이 많아서 오히려 근심과 걱정을 지고 살며 심지어 가족 간에 재산 싸움을 벌이고 극단적으로는 살인도 마다않는 이가 있잖아요. 한때 우리는 국민소득 1만 불만 넘으면 세상의 온갖 문제가 다 사라질 줄 알았어요. 그렇게 믿었다고요. 그런데 지금은 1만 불을 넘어 2만 불이 됐어도 보릿고개 넘으며 겨우겨우 살 때와 행복지수엔 별다른 차이가 없습니다. 결론적으로 돈과 건강이 행복의 필수조건은 아니라는 거예요. 그런 믿음은 '사실'이 아니라는 겁니다. '비가 와서 산행을 망쳤다'는 말이 사실이 아닌 것처럼, 그 또한 주관적인 신념일 뿐이라고요.

생각을 앞세울 때 시작되는 고통

행복하려면 내가, 자식이, 부모가, 직장이, 세상이 이러이러해야 한다는 조건이 많은 사람일수록 오히려 더 불행합니다. 모든 게 내 생각대로, 믿음대로, 요구대로 흘러가는 건 아니니까요. 더군다나 '이러이러해야 한다'는 건 전적으로 나의 생각이고 주의주장이지 않습니까?

남편이 외도를 해요. 이미 일어난 사건, 즉 '사실'이지요. 내가 어떻게 할 수 없어요. 이 일로 아내는 괴롭습니다. 왜요? 남편은 외도를 해서는 안 된다, 나만 사랑해야 한다는 '생각'에 빠져 있기 때문이지요. 남편이 잘했다는 게 아니에요. 다만 지금 사실과 생각의 간극, 그 차이를 알려주는 것뿐입니다.

하나 더 얘기할까요? 어떤 부모는 자식이 말대꾸하는 게 마음에 안 듭니다. 말대꾸하는 건 사실이에요. 그럼 그에 대해 부모가 마음에 안 들어 하는 진짜 이유는 뭘까요? 자식은 부모에게 말대꾸해서는 안 된다는 생각이 강하기 때문이지요. 대학 시험, 승진 시험에 떨어진 걸로 엄청 좌절하는 사람도 마찬가지입니다. 그런 일은 창피하고 수치스러운 것, 그래서 나는 그런 일을 겪어서는 안 된다는 생각이 있기 때문이에요. 즉, 그런 '생각들' 때문에 고통 받는 거라고요. 그러니 생각을 내려놓고 자유로워지면 어떻겠습니까? 그 순간 여러분은 이런 고백을 하게 될지도 모르겠습니다.

'그 물건, 그 사람, 그 일이 내 마음과 생각대로 되지 않아도 나는 충분히 괜찮습니다. 나는 지금 이대로 행복합니다.'

내가 바꿀 수 있는 것

앞서 우리가 확인한 것은 두 가지입니다. 문제는 내 안에 있다, 나의 주관적인 생각과 믿음으로 인해 고통 받는다. 다른 말로 하면 결국 행복과 자유는 바깥에서 주어지는 게 아니라 내게 달려 있다는 것이지요.

한 혁명가가 20대 때는 이렇게 기도했답니다. "하나님, 세계를 변화시킬 수 있는 힘을 주옵소서." 그런데 10년이 지나고 20년이 흐르도록 열심히 뛰어다녔는데도 세계는커녕 한 나라조차 변하지 않는 겁니다. 어느덧 40대가 된 그는 이렇게 기도하기 시작하지요. "하나님, 이 나라를 변화시킬 수 있는 힘을 주옵소서." 십 년이 흘러 그는 50대가 되었어요. 여전히 변화는 없습니다. 나라는 고사하고 자기 가정도 바뀌지 않은 채 그대로입니다. 그러자 마침내 그가 이렇게 기도를 바꿉니다. "주여, 나를 변화시킬 수 있는 힘을 주옵소서."

오직 나로부터 시작된다

그래요. 세상이 안 바뀌어서, 주변 사람들이 안 변해서 문제가 있는 게 아닙니다. 오히려 문제는 내 생각 속에, 신념 속에 있어요. 사실에 근거해 살아야 하는데, 거꾸로 자기의 환상과 착각에 사실을 억지로 꿰맞추려 하는 데서 고통이 시작되는 겁니다. 그러니 나를, 내 생각을 바꾸고 신념 체계를 뒤엎어야지요. 고통에서 벗어나는 길은 그것뿐입니다.

더군다나 내가 뭔가 변화시킬 수 있다면 그건 오직 자기 자신이지요. 아니, 정확히 말하면 자기가 품고 있는 생각과 신념을 바꿀 수 있는 거예요. 그런데 정작 바꿀 수 있는 것은 손끝 하나 건드리지 않으면서, 남편과 자식을, 친구와 세상을 변화시킬 수 있다는 건 대단한 착각입니다. 바꿀 수 있다고 생각하는 잘못된 믿음이라고요. 잔소리해서 사람이 바뀔 것 같아요? 술 먹지 말라고, 담배 끊으라고, 공부 열심히 하라고 닦달해서 사람이 바뀔 것 같습니까? 일시적으로는 그렇게 보일 수도 있겠지요. 싸우기 귀찮고 상대하기 피곤하니까 상대가 그런 척할 수는 있다는 겁니다. 그러나 억압된 욕구는 언제든 분출되기 마련이에요. 그들은 결국 자기 생각대로, 믿음대로 가지요. 그걸 인정하지 않으면 끝없는 충돌과 갈등만 있을 뿐입니다.

세상을 바꾸는 것도 마찬가지예요. 싸운다고 근본적으로 해결되는 건 아닙니다. 내 안에 폭력이 있는데 세상의 폭력을 없앨 수 있을까요? 내가 돈과 여자와 종교와 그밖에 수다한 조건들로부터 자유롭지 못한데 과연 자유로운 세상을 만들 수 있을까요? 싸워서 부분적인 이익을 얻을 수는 있겠지요. 하지만 그 이익이라는 게 대단히 상대적이고 일시적인 겁니다. 상황이 바뀌면 현재의 이익이 언제 불이익이 될지 알 수 없어요. 그러니 만족이라는 게 있을 수 없지요. 결국 싸움을 방편으로 택한 사람은 계속 싸울 수밖에 없는 겁니다. 삶이 피폐해지고 망가지는 건 시간문제예요.

변화의 길을 가는 지혜

그런데 말입니다. 우리 이 세상에 싸우러 온 거 아니잖아요? 만약 우리가 다른 사람과 세상을 바꾸느라 에너지 낭비하는 대신, 자기 자신을 성찰하고 변화시키면 얼마나 평화롭습니까? 또 바꾸려

해도 바뀌지지 않는 사실 때문에 고통스러워하느니, 사실에 대한 나의 관점을 바꾸면 사는 게 얼마나 쉽고 간단해질까요? 그것이야 말로 사는 데 꼭 필요한 지혜가 아니겠습니까? 그럼 이 자리에 서 진정한 변화를 꾀하는 지혜에 이르는 네 가지 알아차림의 내용을 정리해 보도록 하지요.

첫째. 나에게 일어났다 사라지는 느낌을 알아차립니다.

쉽게 말해서 현재 기분이 유쾌한지 불쾌한지 알아야 한다는 거예요. 다들 잘 알고 사는 것 같죠? 하지만 아니에요. 많은 사람들이 자기 안에 일어나는 느낌을 알아차리지 못한 채 그냥 삽니다. 자기 안에 우울함이 있고 원망이 있고 화가 있는데, 그걸 알지 못하고 그저 느낌에 휘말려 살고 있지요. 이건 마치 몸속에 암세포가 자라고 있는데도 까맣게 모르고 사는 것과 마찬가지예요. 그래서야 암을 고칠 수가 없겠죠? 부정적인 감정도 마찬가지입니다. 알아야 변화시킬 수 있습니다.

둘째. 부정적인 기운은 내 안에 있으며, 그것이 내 바깥에 있는 어떤 것이 아님을 알아차립니다.

비 때문에 소풍을 못 가서 하루를 망친 게 아니라고 했지요? 망쳤다고 여기는 진짜 이유는 내 바람과 기대대로 되어야 한다는 나의 생각으로 인한 것임을 잘 보라는 얘기입니다.

셋째. 그 부정적인 기운이 나 자신과 동일하지 않음을 알아차립니다.

기분이 나쁘고 우울할 수는 있습니다. 하지만 기분 나쁨과 우울함이 곧 나는 아닙니다. 다만 내가 그런 패턴으로 사고하는 것을 반복적으로 학습해 왔기 때문에 그렇게 느낄 뿐인 거예요. 나와 부정적인 기운을 동일시하는 순간 고통은 가중됩니다. 나쁜 기분, 우울한 느낌에서 빠져나올 길이 없어지는 거지요. 거기서 벗어나려면 나와 그것을 분리해서 보아야 합니다.

넷째. 고쳐야 할 것은 바깥의 무엇이나 내가 아닌, 내가 보는 방식과 사고하는 패턴임을 알아차립니다.

사람의 차이가 있다면 바로 이 '어떻게'에 있습니다. 어떻게 듣고 어떻게 보느냐, 어떻게 생각하느냐의 차이라는 얘기지요. 뱀이 지나가는 것을 보고 어떤 사람은 무서워서 얼굴이 파래지지만, 어떤 사람은 맛있는 음식을 보듯 입맛을 다시기도 합니다. 또 평소에는 똥을 그저 더러운 것으로 여기던 사람이, 결혼해 제 아이를 낳으면 아기 똥마저 향기롭게 느껴진다고 하지 않습니까? 뿐만 아니에요. 똑같이 집에 불이 났어도 어떤 사람은 망했다고 울고불고 난리를 치는 반면, 어떤 사람은 '더 부자가 되려나 보다'고 생각하며 얼른 일어나 해야 할 일을 합니다. 같은 상황인데도 '어떻게'에 따라 삶을 대하는 태도가 엄청나게 달라지는 거지요. 그러니 바꿀 수 없는 사실을 바꾸려는 대신, 그것을 대하는 나의 패턴을 바꿔야 한다는 결론이 나오는 겁니다.

'화'를 알아야 다룰 '길'이 열린다

자기 안에 형성돼 있는 믿음과 사고 체계. 우리가 겪는 고통은 바로 여기서 시작되지요. 그래서 그 믿음이 강할수록, 그 체계가 완고할수록 사람은 더욱 더 불행해집니다.

그런데 불행한 사람은 한눈에 봐도 티가 나지 않던가요? 늘 미간에 날이 서 있고 인상이 대체로 표독스럽습니다. 또 무엇보다도 작은 일에도 화를 잘 내요. 현실을 현실 그대로 받아들이지 못하니까 자기의 뜻과 생각과 마음에 거슬리는 족족 횡포를 부리는 겁니다.

한편 화를 무조건 참고 사는 이들도 있지요? 남들에게서는 착하다, 온화하다는 칭찬을 들을지언정 그들 역시 불행하기는 마찬가지예요. 이런 사람은 화를 어찌나 속에 꾹꾹 눌러 담았는지 가슴에 손만 대도 아파하지요. 가슴이 막혀서 그래요. 남들이 정해준 기준과 도덕관념에 의해 제 소리를 못 내고 표현을 못하니까 몸이 그런 식으로 반응하는 겁니다. 어디 몸만 그런가요? 속은 썩어 문드러지죠. 수치심과 두려움과 죄의식에 지배당해 자존감을 찾아보려야 찾아볼 수가 없습니다. 더군다나 잠재된 분노는 출구를 찾기 마련이어서, 이런 사람들은 보통 자기보다 약하거나 못났다고 생각하는 이에게 화풀이를 하곤 합니다.

화 에너지, 중요한 것은 방향

극과 극은 통한다고, 화를 잘 내는 거나 억지로 참는 거나 결국은 파괴와 고통이라는 결과를 가져옵니다. 자기 자신만 망가지는 게 아니에요. 화의 노예가 되면 누구라도 다치게 할 수 있습니다.

언젠가 경남 의성에서 생긴 일이에요. 한 경찰관이 낮잠을 자다가 날파리 때문에 잠을 설치자 홧김에 총을 갖고 나가 동네 사람을 죽였어요. 또 여의도에서는 어떤 사람이 화가 났다는 이유로 자동차를 인도로 몰아 무고한 시민들을 죽고 다치게 만들었고요. 따지고 보면 요즘 종종 일어나는 묻지마 살인 같은 범죄도 화의 왜곡된 발현이지 않을까요? 그러면 화를 무조건 참아도 안 되고 고삐

풀린 망아지처럼 날뛰게 해서도 안 되고, 도대체 어떻게 해야 하는 것일까요?

제가 보기에는 화는 나쁜 것도, 그렇다고 좋은 것도 아닙니다. 화는 그저 화예요. 연료고 에너지일 뿐이라고요. 그런데 아주 강력한 힘을 가진 에너지이지요. 인간이 지닌 에너지 중에서 성性 에너지와 더불어 가장 강렬한 것이 바로 이 화火 에너지입니다. 그래서 이 둘을 어떻게 쓰느냐에 따라 삶이 비약적으로 발전할 수도 있고, 반대로 위험에 처할 수도 있어요. 이를 영적靈的으로 표현하면, '내가 신성神性을 실현하는 참사람이 되느냐, 아니면 수성獸性만 쓰는 동물 수준에 머무느냐'가 이 두 에너지를 어떻게 다루는가에 의해 결정된다고 할 수 있겠습니다.

그러니까 중요한 건 방향이라는 거지요. 화를 잘 다루어 마이너스(-) 방향이 아닌 플러스 방향(+)으로 쓰는 게 중요하다는 겁니다. 그러면 방향에 대한 책임은 누구에게 있나요? 화가 그 책임을 지는 게 아니죠? 그래요. 그걸 다루는 이, 즉 내가 지는 것입니다. 그래서 성경은 "화 에너지를 다스리고 마음대로 운전 할 수 있는 사람은 성城을 빼앗는 용사보다 낫다"고 말하고 있습니다.

예수 또한 "무엇을 먹을까(食), 무엇을 입을까(色) 걱정하지 말고 하나님의 나라와 그의 의를 구하라"는 말로 위와 같은 메시지를 전달했지요. 이 말의 핵심은 식食과 색色을 넘어서라는 겁니다. 그 두 가지에 걸려 옴짝달싹 못하면 하나님의 나라를 얻을 수 없다는 거지요. 저는 여기서 말하는 식을 화로, 색을 성으로 봅니다. 즉, 화와 성 에너지를 다루지 못하고 그에 휘둘리는 노예가 되면 하나님 나라, 즉 신성과는 점점 멀어지고 동물적인 본성에만 사로잡혀 살게 된다는 말이에요. 그러면 어떻게 해야 화의 지배를 받는 노예가 아닌, 화를 다스리는 주인으로 살 수 있을까요?

화의 경로를 추적하라

의식변화 프로그램인 ALP 코스 중 1단계 〈깨어나기〉 과정에서는 이 '화'라는 테마를 매우 중요하게 다룹니다. 그 첫째 걸음으로 연수생들에게 자기 인생에서 가장 화가 나는 일을 얘기하라고 하지요. 그러면 별의별 얘기들이 다 쏟아져요. 배우자의 외도, 시어머니와의 갈등, 직장 상사나 동료와의 불화, 승진 누락, 친구의 배신 등, 들어보면 그야말로 다 드라마 같은 얘기고 그중에는 이른바 막장 드라마처럼 극단적인 경우도 많습니다. 뿐만 아니라 보기에 따라서는 매우 사소할 수 있는 일도 누군가에게는 굉장히 화가 나는 일이 됩니다. 예를 들어 남자들 중에는 운전 중에 누가 끼어들기를 하면 화가 난다든가, 자기보다 더 좋은 차를 끌고 다니는 사람을 보면 화가 난다는 이가 많아요. 또 아침에 늦잠을 자는 자기 자신에게 화가 난다거나, 다이어트에 계속 실패하는 게 화가 난다고 토로하는 직장인들도 있고요. 듣다 보면 이 세상엔 온통 화날 일뿐입니다. 그때 이렇게 묻습니다.

"그것이 정말 화가 날 일입니까?"

반응들이 아주 재미있어요. 이게 뭔 말인가 싶어 다들 어리둥절해 합니다. 화나는 일을 얘기하라고 해놓곤, 또 그에 공감하고 같이 울어줄 땐 언제고 뜬금없이 "그게 화날 일이냐"고 물어보니 그럴 만도 하지요. 대개 처음엔 말이 없다가 물음이 반복될수록 짜증을 내고 신경질을 부립니다. 당시의 상황이 눈앞에서 재현되듯 화를 내는 사람도 적지 않고요.

그런데 말입니다. 어떤 일에 화를 낼 때 그게 정말 화날 일인지 아닌지 한 번 생각해 보지도 않는다는 게 오히려 이상한 거 아닐까요? 만약 그것이 화날 일이라면 그 상황이 닥칠 때마다 자동적으로 화를 낸다는 얘기가 되는데 그거야말로 화의 노예로 사는 게 아니겠느냐 이겁니다. 화의 경로를 추적하고 점검하라고 하는 건 바로 이 때문입니다. 그게 과연 화날 일이어서 화를 낸 건지, 아니면 화날 일이 아닌데 무엇인가에 의해 화로 분출된 것인지를 봐야 한다고요. 그래야 화에 휩싸이지 않고, 조종당하지 않고 내가 화를 다스릴 수 있는 길이 열립니다.

화가 날 일인가, 묻고 또 물으니

연수생들이야 당황하건 말건 물음은 계속됩니다. 제가 묻기도 하고 스태프로 일하는 산파들이 물어 주기도 하고, 정원에 서 있는 나무님을 찾아가 묻기도 하고, 그렇게 계속 묻고 또 묻지요. 이렇게 말입니다.

"남편이 바람피운 게 화가 날 일입니까?"
"옆집 남자가 나보다 크고 좋은 차를 몰고 다니는 것이 화가 날 일입니까?"
"시어머니가 집안일에 사사건건 간섭하는 것이 화가 날 일입니까?"

"승진 시험에서 떨어진 것이 화가 날 일입니까?"

"서울에 있는 4년제 대학이 아닌 지방 대학에 들어간 것이
화가 날 일입니까?"

"아침에 일찍 일어나지 못하는 것이 화가 날 일입니까?"

"아이를 낳지 못하는 것이 화가 날 일입니까?"

⋮

'화날' 일은 사실일까, 생각일까?

연수생 가운데 한 명을 대표로 불러내 이렇게 물어 봅니다.

"바람 님, 친구가 돈 떼먹고 도망간 것이 화가 날 일입니
까?"

—— 그럼 믿었던 친구에게서 배신당하고 돈까지 잃었는데
　　화가 안 납니까? 안 나는 것이 오히려 이상한 거지요.

"왜 그게 화가 날까요?"

—— 친구가 신의를 저버렸으니까요. 또 돈을 떼먹었으니
　　그는 법을 어긴 거죠. 그래서 화가 납니다.

"그러면 바람 님은 친구의 신의를 저버린 적이, 법을 어긴

적이 한 번도 없습니까?"

──나도 하긴 했지요. 하지만 많이는 안 했어요. 그리고
    내가 한 건 아주 사소한 겁니다.

"많이 안 했다, 사소한 것이다, 이건 누구 기준이에요?"

──물론 내 기준이지만….

"바람 님, 다시 묻습니다. 친구가 돈 떼먹고 도망간 것이
    화가 날 일입니까?"

──그렇다니까요. 당연히 화가 나지요. 그런 짓을 하면
    안 되는 거잖아요!

바람 님은 본인이 화를 낸 이유가 돈을 떼먹고 도망간 친구의
배신 때문이라고 합니다. '친구가 돈을 떼먹고 도망간 일'을 '화날
일'이라고 규정하는 거지요. 그런데 계속 질문을 하니 나중에 뭐라
그럽니까? 그런 짓을 하면 안 되니까 당연히 화가 난다고 했어요.

자, 여기서 중요한 게 발견됩니다. 만약 바람 님이 그런 짓을 하
면 안 된다는 생각을 바꾸면 어떻겠습니까? 안 일어나면 더 좋겠
지만 사람 사는 세상이니 그런 일도 충분히 일어날 가능성이 있다
고 생각하면 어떻게 달라지겠느냐고요.

만약 화의 진짜 원인이 친구가 돈을 떼먹은 일이라면 우리는 친
구로부터 꿔준 돈을 받지 못할 때마다 예외 없이 화를 내야 합니
다. 그 때문에 혈압이 올라가고 심장이 벌렁거려도 그렇게 살아야

하고 살 수밖에 없어요. 왜요? 그게 화날 일이니까요. 화를 안 낼 재간이 없는 거죠. 선택권이 없어지는 겁니다. 그런데 현실은 어때요? 화를 안 낼 수도 있지 않나요? 실제로 꿔준 돈 못 받고도 화 안 내는 사람도 많습니다. 얼마나 어려우면 그랬을까, 이해하고 넘어가기도 한다고요. 그 이유는 그 일이 화날 일이 아니어서 그래요. 다만 생각에 따라 누구는 화를 많이 내고 누구는 적게 내고, 또 누구는 아예 화를 내지 않을 뿐입니다.

그 일과 화 사이에 끼어 있는 것

다른 예를 들어 보지요. 비가 와서 소풍을 못 갔으니 비 온 게 화날 일이라는 사람이 있습니다. 반면 우산 장사는 비가 오면 우산을 팔 수 있으니 비 오는 건 기쁜 일이라고 합니다. 뭐가 정답이에요? 그것은 화날 일입니까, 아니면 기쁜 일입니까? 사람마다 다르다고요? 그럼 사람마다 다른 게 사실입니까, 생각입니까?

그래요. 화날 일이라는 것도, 기쁜 일이라는 것도 그 사람의 생각입니다. 물론 화를 내거나 기뻐하는 행위는 앞서 발생한 어떤 일에 영향을 받지요. 그러나 그 일이 근본적이고 결정적인 원인은 아니라는 거예요. 앞서 살펴보았듯이 친구가 돈 떼먹고 도망간 일과 화를 낸 나의 행위 사이에는 뭔가 끼어 있잖아요. 그게 뭐죠? 바로 나

의 생각입니다. 친구의 돈을 떼먹는 것은 신의를 저버리는 일이다,
그것은 나쁜 짓이므로 화를 내는 게 마땅하다는 생각. 그렇지요?

화의 노예로 만드는 신념들

친구가 빌린 돈을 안 갚고 도망간 일은, 그게 나쁘다 좋다는 생각 다 빼고 보면 뭡니까? 그렇죠. 친구가 돈 안 갚고 도망간 일입니다. 사실만 놓고 보면 그래요. 그런데 그것이 나의 에고ego, 즉 조건화된 사고와 감정의 영역을 통과하면서 굴절되고 왜곡되지요. 에고는 항상 좋은 것과 싫은 것을 나눠요. 나쁜 것과 올바른 것, 편안한 것과 어려운 것을 분별합니다. 그러고는 자기 입맛에 맞는 건 끌어당기려 하고 나머지는 밀쳐내려 하지요. 호불호에 집착하는 겁니다. 그러니 그 안에서 원망과 미움과 질투와 분노가 싹틀 수밖에 없어요. 그런데 그 에고의 장난에 놀아나다 보니까, 즉 일어난

일(사실)과 그에 대한 나의 반응(화) 사이에 끼어 있는 에고(생각과 느낌)를 알아차리지 못하니까 그 일이 화날 일이 되는 겁니다.

내 속엔 틀이 너무도 많아

그런데 여러분, 화날 일이 많으면 많을수록 어떻게 되겠어요? 내가 화를 내는 것이 아니라 화날 일에 의해 기계적으로 화를 내게 되겠지요? 즉, 화날 일이라고, 수치스러운 짓이라고, 자랑할 만한 일이라고 규정하는 순간 그 틀에서 벗어날 수가 없는 겁니다. 자율과 선택의 여지가 없어지는 거지요. 바로 노예로 전락하는 거예요.

그러면 이쯤에서 우리를 화의 노예로 만들어 버리는 일반적인 사고의 틀(주의主義와 신념信念)을 살펴보기로 하겠습니다.

첫째는 '이런 일은 있을 수 없다'는 주의입니다.

이를 신봉하는 사람들은 흔히 이렇게 말하지요. "어떻게 내 남편이 바람을 피울 수 있어? 그건 나에게 절대로 일어나선 안 되는 일이야." "내 딸이 성폭행을 당하다니, 그런 일은 있어서도 안 되고 있을 수도 없어!"

둘째는 '견딜 수 없다' 주의입니다.

이에 사로잡힌 사람들의 반응은 대개 이렇습니다. "목사님이 어떻게 평신도들 앞에서 부목사인 나에게 면박을 줄 수 있어? 나는

다 참아도 그것만은 못 참아. 이런 수모는 견딜 수 없다고." "시어머니가 며느리를 그렇게 구박하고 욕까지 하는데 남편이란 작자가 멍청하게 쳐다보고만 있다니, 어떻게 그걸 참고 살아? 난 그것만은 못 참아!"

셋째는 '마땅주의' 혹은 '당연주의'입니다.

"결혼기념일인데 아내한테 마땅히 선물을 해야지, 어떻게 남편이 그렇게 무심할 수 있어?" "부하직원이면 당연히 상사한테 먼저 보고를 해야 되는 거 아냐?" 이런 종류의 말을 자주 쓰는 사람들이 대개 이 마땅주의와 당연주의의 덫에 걸려 있지요.

넷째는 '해야만 한다'와 '되어야 한다'는 주의입니다.

이 주의에 빠져 사는 이들은 다음과 같은 화법으로 말하는 게 특징이지요. "나는 대학에 꼭 갔어야만 했는데 그때 아버지 사업이 망하는 바람에 그만 가지 못해서 그게 화가 나." "나는 이번에 꼭 승진이 되어야 해. 만약 안 되면 그걸로 인생 끝이야." "너는 꼭 성공해야만 해. 그래야 아빠 엄마가 행복하지."

알면 쉬워지는 거듭남

자기가 빠져 있는 생각의 틀, 신념을 알아차리는 것이야말로 거듭남의 시작입니다. 성경은 그래서 '신앙은 떠남에서 시작된다'고 했어요. 아브라함이 믿음의 조상이 될 수 있었던 이유는 다른 게 아니라 '떠났기' 때문입니다. 아비, 본토, 친척을 떠났다고 하지요. 다시 말하면 그동안 자기 안에 형성되어 온 온갖 틀에서 벗어나 새로운 삶을 시작했다는 겁니다.

조건화된 나, 즉 에고를 알아차리고 그 작동방식에 눈뜨는 순간 변화는 저절로 일어나게 돼 있어요. 내가 변하고 싶어서, 변하겠다고 기를 쓰고 노력해서 변하는 게 아니라고요. 그런 변화는 역시 에고의 장난일 뿐입니다. 담배 끊겠다고 죽어라 결심해서 담배 끊는 사람 봤어요? 욕심 버리겠다고 노력한다고 해서 그게 버려지나요? 아니죠. 그런 결심과 노력은 오히려 에고를 강화하는 데 일조할 뿐입니다. 우리에게 필요한 게 있다면 오직 진정한 앎과 이해지요. 그러니 먼저 여러분 자신이 어떤 주의에 지배당하고 있는지 그걸 먼저 성찰하고 인정하라는 겁니다. 그러면 거기서 빠져나오는 것이 아주 쉬워지니까요.

일곱

있을 수 없고 견딜 수 없는
일이란 없다

　사람들이 흔히 빠져 있는 주의와 신념을 하나씩 점검해 보면 이렇습니다. 먼저 '있을 수 없고 있어서도 안 된다'는 주의에 대해 보지요. 이 말이 실은 말이 안 된다는 건 아주 어린아이라도 금세 알 수 있습니다. 일어날 수 없다고 믿는 그 일이 이미 일어났으니까요. 어떤 사건이 이미 일어났고 현재 진행 중이라는 건, 그게 일어날 만한 일이기 때문입니다. 아니, 잔인하게 들릴 수는 있겠으나 좀 더 정확히 말하면 그 일이 일어난 때야말로 그 일이 일어날 만한 가장 적당한 시기인 겁니다.

　이런 관점으로 세상을 보면 있을 수 없는 일이란 더 이상 없지요. 이것이 사실의 세계에서 통용되는 법칙입니다. 이때 우리가 할 일은 일어난 일을 사실로 받아들이고 수용하는 것뿐이지요. 사실의 세계에 눈이 열려 사실을 있는 그대로 보는 훈련이 잘 돼 있는 사람은 어떤 상황에 놓여도 평정심을 잃지 않아요. 벌어진 그 일에 '그렇구나(일어났구나)'로 응대합니다. 일단 인정하고 보는 거지요. 그다음은 '그럴 수도 있겠지' 하고 가능성의 세계에 자신을 열어놓습니다. 어때요? 그 일은 있을 수도 없고 있어서도 안 된다는 태도와 180도 다르지요?

구나-겠지-감사의 패러다임으로

어느 날 아들이 누군가에게 맞아서 얼굴에 멍이 듭니다. 보통 부모 같으면 난리가 나지요. 특히 있을 수 없다 주의에 빠진 사람은 더할 겁니다. 반면 사실의 세계를 경험한 사람은 다릅니다. '우리 아들이 맞았구나' 하고 먼저 일어난 사실을 받아들이지요. 그런 다음 '그럴 수도 있겠지' 하고 가능성을 열어놓고요. 그러고 나서 멋지게 마무리를 합니다. '유괴를 당하지는 않았으니 얼마나 감사한가!' 이렇게 말이에요. 그래요. 이 마지막 단계에서 정말로 큰 은총이 꽃피는 겁니다. 이런 사람은 무슨 일이 생겨도 감사하는 마음으로 배우려고 하지요. 그 일이 내게 주는 메시지를 읽는 겁니다.

「생각」

육체를 입고 세상에 왔다는 것은
생각을 하고
생각을 만나
생각을 살러 왔다는 말이다
어떤 사람은 생각을 잘 요리하여 맛있게 살지만
어떤 사람은 생각을 요리하지 못해 생각에 먹히고
어떤 사람은 생각을 마음대로 다루어 멋있게 살지만
어떤 사람은 생각을 다루지 못해 평생을 생각의 노예로 살아간다
깨어난다는 것은
겹겹이 되어 있는 생각의 껍질을 하나하나 벗고 나와
순수의식인 영성이 드러나게 하는 것이다
생각이 끝나는 자리에서 곧 하늘이 시작되니
하늘사람이 될 때
우리는 비로소 생각을 요리하고 다룰 줄 아는
생각의 주인이 된다

있을 수 없고 있어서도 안 된다는 주의는 우주가 하는 일을 부정하는 것입니다. 그렇게 살면 삶이 피폐하고 강퍅해지지요. 반면 '구나-겠지-감사' 패러다임으로 바꾸면 행복하고 풍성한 삶이 찾아옵니다. 이 모든 게 학습하고 훈련하기 나름이에요. 다시 말해 여러분이 어떤 패러다임을 선택해 살 것인가에 달려 있다는 것이지요.

우리가 걸려 있는 또 하나의 덫 '견딜 수 없다' 주의도 마찬가지에요. 견딜 수 없는 일이란 없습니다. 그래요. 일어난 일 중에 참을 수 없는 건 없어요. 다만 내가 그동안 그렇게 생각해 왔을 뿐이지요. 그런 생각의 틀과 패러다임 안에서 생활해 온 것입니다. 이런 사람은 흔히 격분을 잘 해요. 참을 수 없는 일을 가만히 당하고만 있을 수 없다는 신념이 작용해서 그런 겁니다. 하지만 격분한다고 해서 해결되는 건 없지요. 오히려 일이 커지고 화병만 키웁니다.

모든 것은 나타났다 사라진다

우리 어렸을 때만 해도 한 방에서 대여섯 식구가 같이 자고 먹고 생활하는 게 일반적이었어요. 그게 좋았다는 게 아닙니다. 그저 현실이었다는 거지요. 반면 요즘은 생활이 풍족하다 보니 각자 방 하나씩 차지하는 건 예사죠. 그래서인지 연수를 하러 와서도 한 방에서 자는 것을 견디지 못해 하는 이들이 있어요. 그것이 연수에 필요한 과정임을 받아들이지 못하고 '참을 수 없다!'며 저항하는 겁니다. 이처럼 사소한 일에도 저항이 앞서고 싸우기만 하니 어떻게 삶을 여유롭고 현명하게 운용하겠습니까?

이런 사람은 모든 일이 나타났다 사라진다는 것을 몰라요. 그저 나타난 현상에 머물며 그것을 견딜 수 없다는 생각에만 집착하지요. 백 번 양보해서 설사 견딜 수 없음을 인정한다고 한들, 이미 벌어진 일을 어떻게 바꿀 수 있을까요? 그렇다면 발생한 일에 대한 나의 태도와 관점을 바꾸는 게 더 쉽고 효율적인 게 아닐까요?

여덟

당연하다는 족쇄, 마땅하다는 감옥

우리가 빠지기 쉬운 또 하나의 주의로는 당연주의와 마땅주의가 있습니다. 이것은 우리들 의식 깊숙한 곳에 뿌리를 내리고 있기에, 본인조차도 자기가 그런 주의에 사로잡혀 있는지 알아차리기가 어려워요. 보통 그런 말 하잖아요. 사람으로서 지켜야 할 마땅한 도리가 있다고. '사람'에서 더 좁혀 들어가면 '아버지'로서, '여자'로서, '자식'으로서, '직장인'으로서, '상사'로서, '국회의원'으로서, '운전자'로서, '기독교인'으로서… 이렇게 무수히 많은 이름표들이 있지요. 적어도 이름표 서너 개씩은 다 달고 삽니다. 그러고는 그 이름표에 붙여진 갖가지 조항들에 매여 헐떡거려요. '마땅히, 당연히'라는 족쇄와 감옥을 자기 자신과 남에게 씌운 결과입니다.

다 이루어도 행복할 수 없는 운명

유난히 이 주의에 의존해 사는 사람들이 주변에 꼭 있지요? 그런 이들 보면 삶이 참 바늘 끝 같습니다. 날카롭고 팍팍해요. 생활 속에서 유머를 찾아볼 수가 없지요. 그렇잖아요. 공부를 열심히 하는 것이나 시간을 지키는 것, 시부모를 공경하는 것이나 회사에 착실히 다녀야 하는 것 등이 모두 마땅히, 당연히 해야 할 의무고 그걸 이행하지 않으면 도리에 어긋나는 것이 되니, 어떻게 자기 자신과 타인에게 관대할 수 있겠어요?

본인에게만 그런 주의를 적용하면 문제가 좀 덜할지도 모르겠습니다만, 이런 사람일수록 타인에게 더 엄격하지요. 그래서 수시로 따지고 비난해요. 당신은 그 당연하고 마땅한 일을 왜 안 하느냐고 말이에요. 전면에 사회적, 도덕적 명분을 내세우기 때문에 그들의 비난과 화는 설득력을 얻기가 상대적으로 쉽습니다. 하지만 결국 그건 그 사람의 생각이고 틀일 뿐인 거죠. 어떤 사회적, 도덕적 기준도 '절대적'일 수는 없다는 겁니다. 시대에 따라 변하고 문화에 따라 변해요. 개인마다 다를 수도 있고요. 무엇이 옳고 그른가 하는 점은 그다음에 논쟁해도 늦지 않습니다. 그런 논쟁이 건강하게 이루어지기 위해서라도 마땅주의, 당연주의를 내세우는 건 곤란하다는 거죠. 그래요. 지금 우리는 사실을 사실 그대로 보는 법에 접근해 가고 있는 것입니다. 내 생각이나 느낌, 나의 요구와 이해, 그동안 내가 알게 모르게 형성해 온 틀이 아니라 대상을 있는 그대로 봐주는 것의 중요성에 대해 이야기하고 있는 거라고요. 그게 대화와 소통, 나아가 사랑의 전제입니다.

마땅주의, 당연주의와 비슷한 것으로 '해야만 한다'는 요구주의와 '되어야 한다'는 완벽주의도 있지요. 얼마나 많은 사람이 이 틀에 갇혀 시들어 가는지 몰라요. 이런 사람의 삶은 해야 하고 되어야 하는 강박관념으로 굳어 있습니다. 그렇다고 그걸 완수했을 때 만족과 기쁨을 느끼는 것도 아니에요. '해야만' 해서 했으면 행복해야 하는데, '되어야' 해서 됐으면 만족이 따라야 하는데 그렇지 않다는 거죠. 잠깐의 성취감, 그로 인한 우쭐함 같은 건 있겠죠. 그러나 그건 목마를 때 탄산음료를 들이키는 것과 다를 바 없습니다. 마실 때는 시원하고 달콤할지 몰라도 얼마 지나지 않아 더 심한 갈증을 느끼게 되는 것처럼, 요구주의와 완벽주의에 길든 사람은 하나를 이루고 나면 또 다른 조항에 목을 맵니다. 거꾸로 해야만 하고 되어야만 하는 것을 이루지 못했을 때는 사람이 아주 의기소침해지지요. 좌절에 빠져 스스로를 비하하고 자책합니다. 그래서 우울증과 갖가지 중독에 쉽게 빠지지요. 안 그런 척하려다 보니 남에게 변명하고 거짓으로 허세나 부리게도 되고요.

왜 나는 나로 살지 못하는가

그러고 보면 해야만 하고 되어야만 한다는 주의에 매인 사람들은 끝없는 악순환을 반복하다 죽는 꼴입니다. 진정 본인이 원하는 일, 좋아하는 일은 맘 놓고 한 번 해보지도 못한 채 말이에요. 남에게 인정받기 위해, 사랑받기 위해 자기 인생을 포기하는 거나 다름이 없지요. 반면 자기가 좋아서 하는 사람은 뭘 해도 신이 나고 재미있어 하잖아요. 남의 장단이 아닌 자기 내면의 장단에 춤을 추기 때문이지요. 그런 이들은 누구 앞에서 뽐낼 필요를 느끼지 않아요. 인정받으려고 애쓰지도 않습니다. 다만 좋아서 하다 보니 그 분야에서 남보다 월등하게 되는 겁니다. 본인들은 성공과 실패에 초연하지만 자연스럽게 성공이 뒤따르는 것이죠.

우리 ALP에는 해야만 할 일도, 되어야만 할 사람도 없습니다. 내가 할 일이 있다면 그저 나 되는 것이고, 되어야 할 것이 있다면 오직 나뿐이라는 얘기입니다. 나라는 존재는 누구도 아니고 무엇도 아닌, 그냥 나 자체니까요. 이것을 기독교에서는 그리스도와 하나가 되는 것이라 하고, 불교에서는 깨달음을 얻어 붓다가 되는 거라 하지요. 말로는 알 수 없는 세계지요. 오직 경험으로만 알 수 있습니다. 지금 문제와 고통과 화의 원인을 탐구해 가는 것도 다 그 세계 만나려고 하는 거예요. 그러니 끝까지 가 봅시다.

화날 일도, 화 안 날 일도 없는 세계

내게 일어난 그 사건이 아닌 내 안의 어떤 주의와 신념이 화의 원인임을 알게 되면 '화날 일'이란 더 이상 없다는 깨달음에 이르게 됩니다. "그것이 화가 날 일입니까?"라는 물음에 화날 일이라고 바득바득 우기던 사람들의 대답이 어느 순간부터 이렇게 달라지지요.

　"바람 님, 친구가 돈 떼먹고 도망간 것이 화가 날 일입니까?"
　──화가 날 일이 아닙니다.

"그럼 왜 화를 내셨습니까?"

── 친구가 돈 떼먹고 도망가는 것은 잘못된 것이고, 따라서 당연히 화를 내야 한다는 내 생각 때문입니다.

그 일을 그 일로 보다

나 자신이 화날 일을 만들었다는 발견. 일체유심조一切唯心造라 할까요? 화가 바깥이 아닌 내 안에, 내 생각에 있다는 것을 알면 어때요? 그렇죠. 생각을 바꿈으로써 화를 다스릴 수 있는 길이 열리는 겁니다. 알면 그 길이 이렇게 손에 잡힐 듯 가까워요. 모르고 살기 때문에 평생을 화의 노예로 사는 거라고요.

하지만 물음은 여기서 끝나지 않습니다. 화날 일이 아니면 대체 그 일은 무엇인가, 하는 또 하나의 질문이 남아 있으니까요. 그래서 다시 물음이 계속됩니다.

"바람 님, 친구가 돈 떼먹고 도망간 일이 화가 날 일이 아니라면 무슨 일입니까?"

── 그건 이해해야 할 일입니다.

"이해할 일이라고 어디 되어 있습니까?"

── 내 생각에요.

"그럼 이해했으니 화가 안 날 일이네요?"

── 예.

"화 안 날 일이라는 건 누구 생각이에요?"

── 아, 그것도 내 생각입니다.

"생각 빼고 사실만 보세요. 그 일은 무슨 일입니까?"

── 지나간 과거의 일입니다.

"그럼 과거의 일을 여태 왜 붙잡고 있었습니까?"

"자, 다시 묻습니다. 친구가 돈 떼먹고 도망간 일은 화가
날 일입니까?"

── 화날 일이 아닙니다.

"그럼 그건 무슨 일입니까?"

── 친구가 돈 떼먹고 도망간 일입니다.

"그러니까 화 안 날 일이죠?"

── 아닙니다. 화날 일도 아니고 화 안 날 일도 아닙니다.
그냥 친구가 돈 떼먹고 도망간 일입니다.

"그 일은 사실입니까, 생각입니까?"

── 사실입니다.

"그 사실 바꿀 수 있습니까?"

── 바꿀 수 없습니다.

"그 일은 화날 일이다, 이해할 일이다, 화 안 날 일이다, 이
런 건 사실입니까, 생각입니까?"

── 생각입니다.

"그러면 생각은 어때요? 바꿀 수 있습니까?"

── 바꿀 수 있습니다.

생각에서 벗어나 사실의 세계로

물음이 이 정도로 진척되면 몸에 전율이 일고 눈에선 눈물이 흐릅니다. 100미터 달리기라도 한 듯 가슴은 미친 듯 뛰고 등에선 한 줄기 땀이 흐르지요. 몸이 먼저 반응하는 것입니다. 엄청난 변화가 내 안에서 일어나고 있음에 몸이 그렇게 화답해 주는 겁니다. 끈질기게 붙들어온 신념과 주의, 그에 대한 집착이 떨어져나가는 가벼움! 불행이라는 암 덩어리가 쑥 빠져나가는 듯 한 시원함! 그 순간에 '아하 체험(Aha-experience)'을 경험하지 않는 사람은 없지요. 주관과 환상과 생각의 세계에서 빠져나와 사실의 세계로 진입하는 순간은 새 하늘이 열리는 것과 같습니다.

열

플레저 pleasure 대신 조이 joy

　자기가 원하는 바, 생각하는 바, 믿어온 바대로 되면 행복하고 그에 부합하지 않으면 불행하다고 믿는 신념에 우리는 얼마나 집착하고 살아온 것일까요. 우리는 앞에서 '화가 날 일입니까' 이 일곱 글자로 이루어진 물음을 통해 각자가 무엇에 집착하고 있는가를 이미 보았습니다. 어떤 사람은 돈에 집착하여 돈이 많고 적고에 따라 행복과 불행 사이를 왔다 갔다 하고, 어떤 사람은 자식과 남편에게 집착하여 자기의 인생을 온통 그에 의존합니다. 그러니 그들의 반응에 의해 천국과 지옥을 동시에 경험하게 되는 거지요. 혹자는 긍정적이고 밝은 것에 집착하는 것은 괜찮지 않느냐고 말하는

데, 그렇지 않습니다. 대상이 무엇이든 집착은 결국 마음의 평화를 깨뜨리고 '언제 어디서든' 행복할 수 있는 자유를 박탈하니까요.

누구도 빼앗을 수 없는 기쁨

물론 집착을 통해 얻는 일시적인 쾌락을 부정할 수는 없어요. 강렬하게 원한 만큼 그것을 이뤘을 때 느끼는 쾌감이 분명 있습니다. 마찬가지로 무언가를 혐오하는 감정에 집착할 때는 그것이 자기와 멀어지는 것을 통해 쾌감을 느낄 거예요. 하지만 이런 쾌락은 근본적으로 한계를 갖습니다. 존재 바깥에서 주어지는 것이기에 조건부지요. 그리고 일시적이에요. 언제 소멸할지 알 수 없는, 그래서 늘 두려움과 불안이 앞서는 쾌락입니다.

이와는 반대로 자기 안에서, 존재에서 샘솟는 기쁨이 또한 있지요. 전자가 영어 단어로 플레저pleasure라면, 후자는 조이joy입니다. 이는 더 이상 행복할 일도, 불행할 일도 없다는 사실에 깨어난 사람들만이 느끼는 기쁨입니다. 더 이상 조건부가 아니에요. 어떤 환경이 주어져야 획득되는 게 아니라고요. 내 안에 있기에 그저 그것을 발견하고 느끼면 그만입니다. 따라서 언제 소멸할까 두려워하고 걱정할 이유가 없지요. 한 번만 경험하면 참 행복이 과연 어디서 비롯되는지 알게 되므로 내가 늘 선택해서 지복의 상태에 머물 수 있습니다. 이를 성경에서는 이렇게 표현하고 있어요. 내가 주는 평화는 세상이 주는 것이 아니라 하늘에서 주는 것이어서 그 누구도 빼앗을 수 없다고요.

자, 여러분은 둘 중 무엇을 원합니까? 바깥에서 조건부로 주어지는 일시적인 쾌락에 나를 맡기겠습니까, 아니면 내 안에서 샘솟는 기쁨에 취해 살겠습니까? 다들 후자를 원하죠? 그래요. 사람은 누구나 가슴 깊숙한 곳에서는 조이를 원해요. 플레저를 좇는 것은 진짜 내가 아닌 에고일 뿐입니다. 에고 자체가 조건화되어 있기 때문이지요. 그런데 이 에고의 힘은 무시할 수 없을 정도로 크고 강력해요. 그래서 깨어나지 못하면 에고에 끌려 다니며 플레저에 중독되는 겁니다. 돈에, 술에, 섹스에, 권력에, 심지어는 명상과 깨달음에도 중독이 되지요.

중독에서 벗어나려면 먼저 자기가 무엇에 집착하고 있는지를 정확하게 봐야 합니다. 세상은 어떠해야 한다, 나는 무엇이 되어야 한다, 그가 없으면 나는 불행하다, 그것을 이루지 못하면 내 인생은 의미가 없다 따위의 신념에 내가 어떻게 들러붙어 있는지, 그래서 스스로를 얼마나 구속하고 있는지 말입니다.

「행복연습」

책상이 있어 나는 행복해

연필이 있어 나는 행복해

거울이 있어 나는 행복해

이불이 있어 나는 행복해

비누가 있어 나는 행복해

휴지가 있어 나는 행복해

⋮

볼 수 있는 눈이 있어 나는 행복해

들을 수 있는 귀가 있어 나는 행복해

만질 수 있는 손이 있어 나는 행복해

걸을 수 있는 다리가 있어 나는 행복해

맛볼 수 있는 혀가 있어 나는 행복해

멈추지 않고 뛰는 심장이 있어 나는 행복해

⋮

네 눈이 맑아서 나는 행복해

네 웃는 얼굴이 있어 나는 행복해

네가 아플 때 돌볼 수 있어 나는 행복해

⋮

모든 것에 행복을 느끼는 내가 있어 나는 행복해

다 괜찮아, 그게 사실이야

여러분, 정말 행복하고 자유로운 삶을 누리고 싶습니까? 정말 간절히 그것을 원하나요? 아직도 성공하고 싶고, 부자로 살고 싶고, 어디 가나 눈길 끌고 싶고, 화목한 가정 꾸리고 싶고… 그런 것들이 충족되지 않아서 괴롭지는 않은가요? 여전히 그에 대한 집착을 떨어내지 못하고 있다면, 여러분은 행복과 자유가 아닌 오히려 불행을 원하고 있는 것인지도 모릅니다. 그래요. 여러분이 지금 불행하다면 그것은 불행을 원하기 때문에, 불행에 집착하고 있기 때문에 그런 것입니다. 그러니 깨어나세요. 무엇을 원하는지 정확하게 보고 그것에 합당한 것을 선택하십시오. 진실로 자유와 행복을 원한다면 환상과 집착에서 벗어나 사실을 있는 그대로 보면 됩니다. 알고 보면 그건 아주 쉽습니다.

자, 그럼 모두 눈을 감아 보세요. 현재 자기가 집착해 있는 사물이나 일이나 사람을 구체적으로 떠올려 봅니다. 그리곤 떠오르는 대상을 하나씩 마주하면서 이렇게 말을 걸어주는 겁니다.

- 나는 너 없이도 행복해. 이것이 사실이야.
- 나는 그 일이 꼭 그렇게 되지 않아도 감사해. 이것이 사실이야.
- 나는 그 물건이 없어도 괜찮아. 이것이 사실이야.

말하는 중에 불쾌함이나 저항감을 느낄 수도 있습니다. 그만큼 집착의 뿌리가 깊다는 증거지요. 그러나 생각을 바꾸면 느낌도 머지않아 힘을 잃고 사라지니 걱정 마세요. 지금은 그저 그 불쾌함과 저항감까지 잘 알아차리며 봐주면 그만입니다. 그런 다음엔 내가 집착해 있던 사람, 사물, 일이 없이도 충분히 즐겁고 기쁘고 당당한 자신의 모습을 상상해 봅니다. 장난감에 의존해 있던 아이가 꽃향기에 취해, 나비의 날갯짓에 반해 장난감을 던져 버리고 꽃밭으로, 숲속으로 달려가는 것을 떠올려도 좋겠습니다. 눈물이 난다고요? 괜찮습니다. 그 눈물은 집착으로부터 곧 자유로워질, 그리하여 진정한 사랑을 시작하게 될 당신을 위한 하늘의 선물이니까요.

열하나

화 다루기1
느낌과 생각의 주인 되기

화가 일어나고 작용하는 메커니즘을 알고 보니 어때요? 더 이상 이 세상에 화날 일이 없음이 보이죠? 그래요. 화가 날 일도, 안 날 일도 없습니다. 주관과 믿음과 환상으로 점철된 생각의 세계에서 빠져나와 사실의 세계로 진입하면 그게 들리고 보입니다.

그렇다고 깨어난 사람은 화를 안 낸다는 말이 아닙니다. 화를 내서는 안 된다는 말은 더더욱 아니고요. 그래요. 깨어난 사람도 화를 낼 수 있고, 또 때로는 화를 내야 할 때도 있습니다. 하지만 같은 화라고 해도 깨어난 사람의 화와 깨어나지 못한 사람의 화는 다릅니다. 다시 말해 깬 사람은 화 에너지를 동원하는 것이 필요할 때는 화를 내지만, 그렇지 않을 때는 안 내는 것을 선택합니다. 자동적으로 화를 내고 그에 휩쓸리는 대신 화를 다스리는 거지요. 알고 하는 것과 모르고 하는 것의 차이는 이렇게 큽니다. 그래서 모르는 게 죄라는 말이 나오는 거예요.

신神과 짐승 사이에서

　인간은 누구나 몸을 입고 지구별에 옵니다. 몸은 곧 물질이고 그래서 식食과 색色에 매일 수밖에 없지요. 이런 생래적인 한계 때문에 인간은 기본적으로 동물적인 본성의 영향을 받는 겁니다. 그런데 이런 특성은 의식이 진화하는 정도와 반비례합니다. 의식이 깨어나고 진화할수록 설사 몸을 입고 있더라도 그 영향력은 감소한다는 얘기지요. 여기서 몸은 단지 살과 뼈로 된 육체만 의미하지 않아요. 몸을 매개로 작동하는 감각, 생각 등이 다 그에 속합니다. 그러니까 잠든 의식으로 살아가는 사람은 주관적인 느낌과 생각에 휘둘리지만, 깬 의식으로 사는 사람은 주인이 되어 그것들을 부릴 수 있다는 얘깁니다. "신神과 짐승 사이에서 신이 되어가는 게 인간"이라는 오쇼의 말은 인간의 한계와 가능성에 대한 그의 통찰력을 반영하지요.

　앞서 우리는 사람이 왜 화의 노예로 살게 되는지 보았죠? 주관적인 관념과 믿음에 의존해서 그에 부합하지 않는 것들을 화날 일로 치부하고 부정적인 감정에 휩쓸리기 때문입니다. 그 순간 화와 내가 동일시되기 때문에 다스리지 못하는 거예요. 생각과 느낌은 우리가 지구별에 올 때 하늘이 선사한 선물입니다. 주인으로서 잘 부리라고 준 거지요. 그런데 주인인 '나', 즉 셀프Self(에고의 반대 개념)가 주인 행세를 못하니까 머슴으로 있어야 할 감정과 생각이 내 위에 올라타 주인 노릇을 합니다. 미워하고 싫어하고 분노하게 하지요. 감정의 노예로 만들어 버리는 겁니다.

생각도 마찬가지예요. 잘 살기 위해 써먹어야 할 도구고 수단입니다. 내가 주인으로 확고하게 서 있을 때는 떠올랐다 사라지는 수많은 생각들 중에서 가장 좋은 것, 내가 주인 되는 데 합당한 것을 골라 쓸 수 있어요. 반면 생각의 노예가 되면 잡다하고도 부정적인 생각에 끌려 다닙니다. 저 사람은 싫은 사람, 그 일은 귀찮은 일, 이 물건은 꼭 가져야 할 물건, 이런 삶은 망한 삶 이런 식의 고정관념에 사로잡힌다는 얘기예요. 그러니 생각을 조정하고 부릴 수가 없지요.

주인이 되어 고삐를 쥐어라

여러분, 이제라도 나의 주인 됨을 회복하세요. 주인의 눈으로 나의 화 에너지가 언제 어느 방향으로 얼마만큼 뻗어 가는지를 자세히 살피십시오. 그것만으로도 어느 정도는 화 에너지를 조정할 수 있습니다. 최소한 끌려 다니지는 않는다고요. 화를 잘 내서 더 큰 화를 자초하는 사람이 있는가 하면, 무조건 참아서 속으로 골병드는 사람도 있습니다. 이게 다 화를 자유롭게 부리는 대신 그에 끌려 다녀서 생기는 비극이에요. 계속 그런 비극의 주인공 역할을 하며 살겠습니까, 아니면 화 에너지를 창조 에너지로 바꾸어 내가 정말 해보고 싶은 일, 꿈꿔온 일, 좋아하는 일을 실현하며 살겠습니까? 이것은 여러분이 주인이 되는가 마는가에 달렸습니다.

화 다루기2
내가 선택하고 결정한다

깨어나기 연수 중 '화' 테마를 안내하면서 참으로 많은 사연들을 만나게 됩니다. 다들 저마다의 아픔을 지니고 있지만, 그중에서도 특히 안타까운 건 어린 시절에 성폭행이나 왕따 같은 폭력에 시달린 사람들의 이야기예요. 충분히 보호받고 사랑받으며 자존감과 정체성을 키워가야 할 시기에 그런 일을 당하면 수치심과 자괴감이 의식을 지배하게 되기 때문에 성장해서도 화를 전혀 내지 못하고 계속 당하기만 하는 예가 많습니다. 그들은 스스로를 이렇게 비하하지요. '나는 나 자신이 수치스러워.' '나는 못났기 때문에 화를 내서는 안 돼.' '나는 눈에 띄어서도 안 되고 사랑받을 자격도 없어.'

화 에너지를 동원하는 힘과 기술

이런 사람의 특징은 화가 필요한 상황에서도 화 에너지를 동원하지 못한다는 것입니다. 집단 괴롭힘을 당해도, 억울한 누명을 써도 자기 목소리를 못 내요. 흔히 이런 사람을 '착한 병'에 걸렸다고 하지요. 그런데 여러분, 착한 것은 좋은 것입니까? 아니죠? 착한 것은 착한 것일 뿐입니다. 또 착하다는 개념도 왜곡돼 있기 십상이지요. 누가 내 의식에 똥칠을 하고 쓰레기를 버려도 찍소리 한 번 못한다면, 그게 착한 것이라고 하면, 그런 착함은 삶에 아무 도움이 안 돼요. 그러니 집착하지 말고 버려야 합니다. 화에서 자유로워져야 하듯이 착하다는 관념에서도 자유로워져야 한다고요.

제가 이런 사람에게 내리는 특명이 있어요. 앞으로는 누군가 나의 '아야-선線'을 건드려 나를 아프게 하면 그것을 소리 내어 알리라는 겁니다. 아야-선은 그곳을 건드렸을 때, 침범 당했을 때 '아야!' 하는 소리가 나오는 경계입니다. 수치심에, 죄책감에 물들지 않은 사람은 그 경계에 자극이 가해지면 어떤 식으로든 표현하게 돼 있어요. 그렇지 못하다면 훈련을 해서라도 아야-선을 회복해야 하는 겁니다. 일종의 관계 훈련인 거죠. 무조건 화를 내라는 게 아니에요. 처음엔 좋은 말로 전하고, 그래도 안 되면 경고를 보내고, 필요하면 화 에너지도 동원해야 한다는 거예요. 그렇게 훈련을 하면서 내 마음을 보여줘야 어린 시절의 상처가 노출되고 곪아서 터지고 마침내 새 살도 돋습니다. 감추기만 해서는 점점 악화될 뿐이라고요.

이런 훈련과 경험을 통해 화 에너지를 동원하는 기술도 점차 늘게 되지요. 언제 어떤 강도로 어느 기간만큼 화를 내야 하는지를 스스로 판단하고 결정할 수 있는 능력이 커진다는 얘깁니다. 화를 참는 것도 물론 화를 다루는 기술 가운데 하나예요. 하지만 이때 참는다는 건 무조건 억지로 참는 게 아니라, 상황에 대한 정확한 판단에 따라 내가 주인이 되어 화를 안 내기로 선택하는 적극적인 행위지요.

도구로서 화를 부리다

여러분, 화 자체는 좋은 것도 나쁜 것도 아니며 그저 '왔다가 사라지는' 것뿐입니다. 고정된 것이 아니고, 나와 동일시할 수 있는 것은 더더욱 아니라고요. 이런 화의 속성을 알면 화 다루는 기술을 익히는 건 시간문제입니다. 시간과 장소와 상황에 맞게 내가 화를 조정하면 된다는 얘기죠. 화 에너지를 동원할 때와 다독거려야 할 때, 강하게 발현해야 할 때와 약하게 표현해야 할 때, 또 길게 써먹어야 할 때와 잠시잠깐 활용해야 할 때를 알아 활용하기만 하면 되는 겁니다.

이렇게 알아차림 가운데 화를 다루면, 설혹 내가 화를 내더라도 서로 상처받지 않고 오히려 관계가 성숙하는 계기가 됩니다. 같은 화라고 하더라도 감정에 휘둘려 상대를 비방하고 지적하기 위해 내는 화가 아니라, 충고와 가르침을 주기 위해 사용하는 도구로서의 화니까요.

그동안은 화가 나를 끌고 다녔지요. 그러나 이제부터는 깨어난 내가 주인이 되어 화를 부립니다. 시공간을 선택하고 양과 질을 결정해서 에너지로 동원하는 거지요. 이 얼마나 멋진 삶입니까? 이거야말로 성경에서 말하는 왕 같은 삶, 제사장의 삶일 것입니다.

깨어나는 성1
성 에너지를 사랑 에너지로

앞서도 말했듯이 어린 시절에 당한 성폭행의 그늘에서 벗어나지 못하고 사는 사람들이 많습니다. 특히 그런 일을 경험한 여자들은 커서도 연애를 못 해요. 남자가 두렵고 무서운 겁니다. 또 자기가 여자인 것이 혐오스러워서 화장도 안 하고 치마도 안 입어요.

꼭 이런 종류의 성폭행은 아니라 하더라도, 남자 역시 성적인 문제에서 자유로울 수 없습니다. 지나치게 엄마의 보호를 받고 자랐거나, 이른바 엄하고 무서운 아버지 밑에서 기가 꺾인 채 자란 남자아이는 커서도 올바른 남성성을 드러내지 못하는 예가 많지요. 아버지의 권위적이고 폭력적인 모습을 그대로 재현하거나, 아니면 마마보이가 되어 뭣 하나 자기 뜻과 의지대로 하는 게 없습니다.

자, 이런 남녀의 공통점이 뭐겠습니까? 자기 안의 여성성, 남성성을 죽이고 있다는 거지요. 남자이되 남자로 살지 못하고 여자지만 여자로 살지 못하는 겁니다. 하지만 우리 다 이곳에 남자, 여자로 왔잖아요? 하늘이 내게 왜 그 성을 주었겠어요? 그 성을 충분히 경험해 보라고 준 거예요. 그럴 때 내가 성장할 수 있음을 알려주는 겁니다.

풀어놓아 다니게 하라

내 안의 여성성, 남성성을 살리기 위해서는 먼저 치유와 정화 작업이 필요합니다. 그 사건이 일어난 당시로 돌아가 자기 내면에서 성장을 멈춘 채 어둠 속에 앉아 있는 아이를 만나줘야 한다고요. 그래서 깨어나기 연수 때 과거탐사와 화 작업을 하는 거지요. 그때 하지 못했던 욕을 하고 화를 내고, 또 맘껏 슬픔에 잠겨도 보고, 그때 나의 고통을 알아주지 않은 부모를 원망도 하면서 아이를 치유하는 겁니다.

하지만 단지 과거탐사로 깨어나는 것은 아니에요. 공감과 위로, 치유와 정화 다음에는 '화가 날 일입니까?' 물음을 통해 본질에 접근해야지요. 안 그러면 내면의 아이는 기회를 봐서 또 올라와요.

그때마다 또 다시 수치심과 죄의식과 슬픔과 분노에 시달릴 수밖에 없고요. 그러니 내가 당한 그 일이 화날 일이 아님을, 고통이 아님을 알아야 악순환의 고리를 완전히 끊을 수 있습니다.

물님, 어린 시절에 사촌오빠가 성폭행을 한 것이 화가 날 일입니까?

── 화가 날 일이 아닙니다.

그럼 그동안 왜 화를 내며 살았습니까?

── 사촌오빠는 나를 성폭행하면 안 된다는 내 생각 때문입니다.

그 생각은 사실입니까?

── 아닙니다. 생각입니다.

그럼 사실은 무엇입니까?

── 사촌오빠가 나를 성폭행 한 일입니다.

사실을 바꿀 수 있습니까?

── 없습니다.

생각은 바꿀 수 있습니까?

── 바꿀 수 있습니다.

사촌오빠는 나를 성폭행 할 수 있습니까?

── 있습니다.

안 할 수도 있습니까?

──안 할 수 있습니다.

사촌오빠가 나를 성폭행 한 일은 나쁜 일입니까?

──아닙니다. 그것은 사촌오빠가 나를 성폭행 한 그 일입
　　니다.

그럼 좋은 일입니까?

──아닙니다. 그냥 그 일입니다.

　이쯤 되면 의식지수가 100 이하의 수치심과 죄의식, 그리고
175의 분노 수준을 넘어 400 이상의 포용과 사랑 수준으로 점프합
니다. 그 일이 있어 내가 더욱 성장하고 진화할 수 있음을 사실로
받아들이게 되는 거지요. 그때부터 망가졌던 여성성이 회복되고
막혀 있던 성 에너지가 흐르면서 사랑으로 꽃 피기 시작해요. 그래
서 아주 밝고 예뻐지지요. 표정과 걸음이, 눈빛이, 옷차림이 바뀝
니다. 비로소 여자가 되는 겁니다.

성적 본능과 우주의 창조 원리

　인간이 지닌 가장 강력한 에너지가 화하고 또 무엇이라 했지요?
그래요. 성性입니다. 화 에너지가 의식의 표면에서 활동한다면 성
에너지는 아주 깊숙한 곳에서 은밀하게 작용하지요. 그래서 더 많

이 왜곡되고 더 많이 감추어질 수 있어요. 성을 흔히 더럽고 하등한 것, 발설해서는 안 되는 비밀스러운 것이라고 생각하게 되는 이유는 이 때문입니다.

하지만 성이 정말로 더럽고 하등한 것이라면 왜 신이 인간에게 성을 부여했겠어요? 이 사실 하나만으로도 우리는 알 수 있습니다. 성은 도덕이나 윤리, 혹은 철학이 아닌, 자연이라는 것을 말입니다. 그래요. 자연입니다. 억지로 막을 수 없고 막아서도 안 되는 것이지요. 화를 잘 다루어 창조 에너지로 변형시키는 것이 깨어난 사람의 일이듯, 성도 마찬가지입니다. 잘못 다루면 억눌리고 타락하지만 잘 보듬어 꽃피게 하면 아름다운 사랑 에너지로 승화하지요. 그래서 성 에너지를 사랑 에너지로 변화시키는 법을 가르치는 것이야말로 진정한 성교육이라고 생각합니다.

그 성교육의 첫째 내용은 여성과 남성이 서로에게 성적으로 끌리는 것은, 넘치고 남는 것은 주게 되어 있고 없거나 부족한 것은 채우려고 하는 우주의 순리에 따른 것임을 알려주는 것입니다.

인간은 누구나 부모를 통해 오지요. 남성과 여성의 결합에서 창조된 것입니다. 그래서 외적으로는 비록 남자 혹은 여자의 모습을 띠고 있다 할지라도 우리 안엔 여성성과 남성성이 다 있어요. 그런데 사춘기를 맞아 남녀의 성징이 나타나면서 남자에겐 남자의 기운이 더 강해지고 여자에겐 여자의 기운이 더 강해지지요. 그와 동시에 내면의 남성성과 여성성의 균형이 깨지게 됩니다. 남자가 여자에게 끌리고 여자가 남자를 그리워하는 것은 바로 이 때문이에요. 자기에게 부족한 에너지를 채우려는 일종의 본능인 것이죠. 그중에서도 육체적으로 남녀가 합일을 이루는 섹스는 부족한 에너지를 채우는 최고의 방편입니다.

양기와 음기가 만나 원을 이루니

이와 관련하여 한 가지 재미있는 이야기를 해볼까요? 여자의 성기를 한자로 음부陰部라 하지요. 그렇다면 양성을 지닌 남자의 성기는 한자로 양경陽莖이라 해야 이치에 맞는 게 아닐까요? 그런데 실제로는 음경陰莖이라 부르고, 거기엔 특별한 이유가 있다는 겁니다.

남자의 몸이 전반적으로 양성의 기운인 데 반해 성기는 음성의 기운을 지니고 있다고 합니다. 신기한 것은 발기가 되면 오히려 남자의 몸에서 가장 강력한 양성의 기운을 지니게 된다는 거지요. 그러니까 남녀의 성기가 결합한다는 것은 가장 강력한 양의 기운과 음의 기운을 지닌 두 부위가 만나는 것을 의미합니다.

그렇다고 섹스가 단지 성기의 결합만은 아니잖아요. 그래요. 서로 만지고 키스하고 더듬고 핥아줍니다. 그 모든 행위를 통해 서로에게 부족한 에너지를 교환하는 것이지요. 더군다나 음양론으로 볼 때 남자의 상체는 음성이고 하체는 양성인 반면, 여자의 상체는

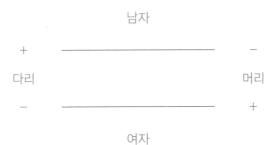

양성이고 하체는 음성이라고 하네요. 그러니 남녀의 육체적인 결합을 +, −로 표현한다면 아마도 위와 같이 될 것입니다.

그림을 보니 머리 쪽에서 입술이 만나고 아래에서 성기가 만나 완벽한 원을 이루지요? 그렇습니다. 그 원을 통해 강력한 에너지 교환과 순환이 이루어져요. 그로써 내가 상대가 되고 상대는 또한 내가 되는 것입니다. 나아가 각자 자신의 부족한 점을 채워 더욱 온전한 '나'로 태어나지요. 그러니까 성적인 결합의 본질은 남자를 남자로, 여자를 여자로 성장하게 하는 동시에, 나로 하여금 남성과 여성의 경계를 뛰어넘어 온전성(wholeness)을 회복하게 하는 거룩한(holy) 행위인 겁니다.

열넷

깨어나는 성2
영적인 부부관계

이 세상에 오는 것은 다 성性을 가지고 옵니다. 동물성, 식물성, 광물성, 그리고 인간성. 그렇죠? 인간은 또한 크게 남성과 여성으로 나뉘지요. 그 수많은 여성, 남성은 또 각자 독특한 개성을 지니고 오고요. 이처럼 모든 게 성을 지니고 있음은 하늘의 구체적인 계획에 의한 것입니다. 하나님의 일인 것이지요. 그러니 그 성의 원리를 파악해서 사는 것이 하나님 뜻대로 사는 것이고 우주의 섭리대로 사는 것 아니겠습니까?

앞에서는 성 에너지를 사랑 에너지로 변형시키기 위해 우리가 알아야 할 사실에 대해 말씀드렸습니다. 이번에는 그에 이어 좀 더 구체적인 이야기를 해볼까 해요. 바로 부부의 성생활에 관한 것입니다. 아니, 그 은밀한 이야기를 어떻게 공개적으로 하느냐고요? 원래 신은 가장 은밀한 데 계시지 않습니까? 그러니 부부가 아무 겉치레 없이 맨몸으로 만나는 침실이야말로 어쩌면 가장 은밀하고 성스러운 곳이 아닐까 합니다.

아담과 하와로 만나는 곳

부부의 침실은 단지 잠만 자는 곳이 아닙니다. 부부가 사랑을 나누고 성 에너지를 사랑 에너지로 바꾸는 장소이지요. 신발도 벗고 옷도 벗고 체면과 눈치도 벗고… 이렇게 다 벗고 가장 순수하고 진솔한 내가 되어, 태초의 인간인 아담과 하와가 되어 만나는 곳이라고요.

그런데 이 중요하고 거룩한 공간을 정리 정돈 없이 청소도 안 하고 지저분하게 방치하는 사람들이 많아요. 그뿐입니까? 특히 남자들은 밤늦게까지 술 마시고 들어와 이도 닦지 않은 채 아내를 안으려 합니다. 그럴 때 여자들이 얼마나 싫은 느낌이 드는지도 모르고 말입니다. 어떤 분은 싫음을 넘어 모멸감과 수치심마저 느낀다고 합니다. 자기 자신이 함부로 막 다뤄지는 것 같다는 거지요. 오죽하면 눈물이 다 난다고 하겠습니까?

이런 점에서 남자들은 반성하고 더욱 깨어 있어야 해요. 가까운 사람일수록 더 예의를 차리고, 매일 만나는 사람에게 더 정성을 들여야 한다는 말도 있잖아요. 그런데 실제로는 그 반대지요. 부인을, 남편을 다 안다는 생각에 갇혀 아무렇게나 말하고 행동합니다. 부부관계도 그래요. 처음 관계할 때의 설렘과 신비로움은 다 잊고 그저 기계적으로 합니다. 본능만 남은 거지요. 그러니 거기에 무슨 사랑 에너지가 흐르겠습니까?

깨어나기 프로그램의 핵심은 생각 밖으로 나가 사실의 세계를 경험하는 것입니다. 부부의 성생활에서도 마찬가지예요. 안다는 생각에서 먼저 벗어나야 해요. 2, 3년 연애하고 10년 살았다고 해서 다 안다고 할 수 있어요? 다 안다면서 그 사람의 몸을 밝은 빛 아래서 제대로 본 적이 있기는 합니까?

공자는 성을 일컬어 비의秘意, 즉 숨은 뜻이라고 했습니다. 그래서 깨달은 성인도 알기 어렵다고 했어요. 그러니 안다는 자만심, 교만에 빠지지 말고 배우는 자세로 성을 대해야 합니다. 부부 사이는 특히 더 그래요. 가장 가깝기 때문에 안다는 생각이 강하게 들거든요. 하지만 배우겠다는 마음이 없으면 관계는 막히고 맙니다. 사랑도 섹스도 없이 서로에게 의무만 남는 거지요. 그게 곧 지옥이 아니고 뭐겠습니까?

아름다운 성생활로 안내하는 요령들

그러면 이제부터 서로가 행복해지고 만족하는 성생활, 성 에너지를 사랑 에너지로 변형시킬 수 있는 성생활을 위한 안내를 시작하겠습니다. 물론 여기에 제시되는 지침은 남녀가 함께 지키고 노력해야 할 것들입니다. 이건 여자가, 이건 남자가 해야 할 것이라고 규정하며 떠넘기지 말라는 겁니다. 일방적인 관계는 없어요. 함께한다고 해서 관계입니다.

1. 성에 대해 긍정적이고 적극적인 태도를 갖습니다.

의식지수 가운데 제일 낮은 것이 20의 수치심이고, 이 수치심의 대부분이 성과 관련돼 있어요. 성에 대한 왜곡되고 어두운 관념 때문에 이런 고통이 뒤따르는 것입니다. 반면 성을 하늘이 부여한 선물임을, 내가 나 되는 데 필요한 도구고 방편임을 깨달으면 성적 욕구 또한 자연스럽게 수용하고 적극적으로 표현할 줄도 알게 됩니다.

만약 부부 사이에서 성이 자연스럽고 아름다운 것으로 인식되고 서로의 성적 욕구를 기꺼이 수용하는 분위기가 형성되면, 설혹 과거의 어떤 경험 때문에 성적인 수치심에 갇혀 살던 사람도 치유될 수 있습니다.

2. 대화를 통해 관계합니다.

부부는 어찌 보면 가장 가까운 친구입니다. 매일 만나죠, 매일 같이 밥 먹죠, 게다가 한 침대에서 자죠. 사이가 좋든 안 좋든 이보다 더 가까울 수는 없는 겁니다. 그런데 침실에서 관계할 때 아무런 대화도 없이 후딱 섹스만 하고 뒤돌아 잔다고 가정해 봅시다. 거기서 무슨 재미를 느끼고 사랑이 싹트고 정이 오가겠습니까? 특히 상대에 대한 서운함, 분노, 불신 등의 감정이 있는 상태에서 대화 없이 하는 섹스는 오히려 관계에 악영향을 미치기도 합니다. 여자들 중에는 심지어 그런 경우 강간당하는 것 같다는 말도 하지요.

물론 어떤 부부는 좀 안 좋은 감정이 있어도 몸으로 관계하다 보면 어느새 풀린다고 합니다만, 어쨌든 평소에 침실에서 많은 대화를 나누어 부정적인 감정을 그때그때 해소하는 것이 성적인 소통과 만족감을 고양시키는 데도 바람직하다고 봅니다.

3. 내면의 어린아이가 뛰어놀게 해 줍니다.

부부관계는 유희 중의 유희입니다. 평생 해도 싫증나지 않고, 가장 창조적이면서 아름다운 유희이지요. 그런데 다들 너무 심각하게 하는 경향이 있어요. 그래서 섹스가 재미있는 놀이가 아닌 힘들고 피곤한 일이 돼버리는 겁니다. 이런 분위기를 극복하려면 서로 만지고 간질이고 장난치면서 각자의 안에 있는 천진난만한 어린아이가 튀어나오게 해야 합니다. 내가 먼저 어린아이가 되어 상대의 어린아이를 이끌어내는 통로가 돼준다는 생각으로 시도해 보세요. 그러면 분명 관계가 달라질 겁니다.

4. 몸에 오는 자극과 그에 대한 반응을 알아차리고 서로에게 그것을 알려줍니다.

사람에게는 성감대가 있지요. 성적인 자극을 강하게 느끼고 반응하는 부위입니다. 보통 남자는 남자대로, 여자는 여자대로 성감대가 같다고 생각하는 경향이 있는데, 사실은 그렇지 않습니다. 공통적인 부위도 물론 있지만, 각자가 독특하게 느끼고 반응하는 부위도 있다는 거예요. 그러니 이를 상대에게 적극 알려서 관계에 활용하라는 겁니다. 상대가 알아서 그곳을 자극해 주기를 기다리지 말라고요. 또한 애무를 받으면서 자기도 모르게 소리가 나는 것은 지극히 자연스러운 반응이니 그걸 억누르려 하지 마십시오. 오히려 사랑의 찬송이라 여기고 기쁘게 주거니 받거니 하세요. 그럴 때 관계가 더 건강해집니다.

5. 성관계시 단계마다 최대한의 즐거움을 느끼며 서로 속도와 리듬을 맞춥니다.

성관계엔 단계가 있고 그 단계에 해당하는 리듬이 있습니다. 준비를 위한 애무에서 시작해, 흥분과 정체와 오르가즘을 거쳐 마무리까지, 일종의 짧은 여행이라 할 만 하지요. 우리나라의 전통 음악 중에 산조라고 있잖아요. 진양조로 시작해 중모리, 중주모리, 휘모리로 이어지는 이 산조의 각 단계별 리듬이 성관계의 그것과 비슷하다 하여, 둘을 빗대서 얘기하기도 합니다.

여자들은 몸 자체가 이 단계와 리듬을 따르게 돼 있어요. 서서히 달아오르기 때문에 준비 없이는 관계를 하기가 거의 불가능하지요. 반면 일단 절정에 오르면 몇 번이고 오르가즘을 경험할 수 있습니다. 문제는 남자들 중에 단계와 리듬을 무시하고 무조건 그냥 하고 보는 사람들이 많다는 겁니다. 준비 없이 삽입부터 하고 자기만 흥분해서는 사정하고 끝내버리지요. 이래서야 여자들이 관계하고 싶은 생각이 들겠습니까? 어떤 이는 여자의 질을 깊은 동굴에 비유합니다. 시간을 들여 조금씩 들어가야 끝에 닿는다는 거지요. 급하게 서둘렀다간 입구에서 혼자 놀다가 나가버리는 꼴이 된다는 거예요. 그러니 이렇게 해서는 둘이 함께 오르가즘을 느끼는 것이 불가능하지 않겠습니까?

오르가즘이란 일종의 죽음입니다. 시공간이 사라지고 나도 사라지지요. 에고로서의 나와 네가 사라지고 지금 여기의 희열만 남는 겁니다. 그래서 이 섹스를 통해 깨달음을 얻는 수련법도 나오는 거예요. 그때 천국을 경험하고 해탈을 경험하니까요. 이 경험은 자위나 동성애로는 얻기 힘들다고 봅니다. 그것은 깊은 합일이 아닌 표피적인 자극에 멈추니까요. 물론 남녀가 섹스를 한다고 해도 리듬과 속도가 안 맞으면 오르가즘을 느끼기가 힘들지요. 그래서 부부 또한 각 단계를 충분히 즐기면서, 서로의 반응을 알아차리면서 해야 한다는 겁니다. 그것이 함께 오르가즘을 경험하는 최선의 길이니까요.

6. 성생활을 방해하는 세 가지 덫을 반드시 피하도록 합니다.

적당한 음주가 성관계에 도움이 된다는 이유로 상습적으로 술을 마시고 관계하는 이들이 있는데 이는 피하는 것이 좋습니다. 특히 취한 상태에서는 관계하지 않도록 주의합니다. 그리고 서두름은 남자들이 특히 조심해야 할 요소 중에 하나로, 상대가 충분히 준비된 상태인지를 먼저 살피는 게 필요합니다. 또한 피로할 때는 상대에게 알려서 다음으로 미루는 것이 좋습니다.

7. 부부의 영성(Spirituality)과 성(Sexuality)이 하나로 통합되도록 합니다.

영성과 성을 반대로 여기는 사람이 많은데, 이 둘은 절대 분리할 수 없습니다. 특히 일상을 함께하는 부부 사이에서 이 둘을 통합시키는 것은 매우 중요합니다. 그래서 부부간에 영성 세계가 다르면 가짜 부부거나, 아니면 영성이 거짓이라는 말이 나오는 것입니다. 다시 말해, 부부가 같은 영성 세계 안에서 공동 체험을 할 때 성관계를 포함해 부부관계 전체가 건강하게 성장할 수 있다는 것이지요.

8. 이 세상에서 최고의 치유자는 남편과 아내임을 인정합니다.

사랑하는 사람과의 성관계 속에서 오르가즘을 느끼는 자체가 치유입니다. 이런 치유는 배우자 아니면 누구도 해줄 수 없는 것인 만큼, 내 남편이, 아내가 소중한 사람임을 인정하고 신뢰해야겠습니다. 그러니 상대가 무슨 말을 하건, 어떤 행동을 하건 일단은 분별과 판단 없이 사실 자체를 들어주고 봐주십시오. 그것이 곧 사랑이고, 사랑이야말로 가장 큰 치유니까요.

9. 사랑과 성과 결혼이 하나가 되도록 노력합니다.

사랑 따로, 성관계 따로, 결혼 따로 하는 것이 유행이 돼버린 지 오래입니다. 그러나 이 세 가지가 하나로 통합될 때 부부관계가 가장 커지는 것이 아닌가 싶습니다. 오늘날 남녀문제와 부부문제를 가만히 들여다보면, 사랑해서 결혼했는데 성관계가 없든지 혹은 불만족스럽든지, 아니면 사랑과 성은 있는데 결혼을 못하고 있다든지, 그도 아니면 결혼해서 성관계는 하지만 정작 사랑은 없다든지, 이 셋 중에 하나임을 알게 됩니다. 그러니 가능한 한 이 셋을 통합시켜야 비로소 완성되는 것 아닐까요?

10. 성적인 장애가 있다면 이를 서로 알리고 전문가의 치료를 함께 받습니다.

성적인 문제를 상대에게 알리지 않고 혼자 끙끙 앓거나 혹은 도

피와 변명으로 대응하는 것은 바람직하지 않습니다. 오히려 근본적인 부부관계를 손상시키는 원인이 됩니다. 그러므로 조루와 발기부전, 불감증 및 불임 등의 문제는 꼭 상대에게 알리고 전문가의 상담 및 치료를 받도록 합니다. 또한 초기에는 혼자가 아닌 둘이 함께 전문가의 상담을 받는 편이 빠른 치료에 도움이 됩니다.

11. 부부가 함께 영성 프로그램에 참여하거나 여행을 다닙니다.

새로운 환경, 새로운 만남, 그리고 새로운 세계의 경험. 구태의연한 일상에서 벗어나 재충전하고 싶어 하는 사람들이 많이 선택하는 방법이지요. 그런데 이것이 부부의 성관계를 새롭게 하는 데도 큰 도움이 된다고 합니다. 특히 부부를 대상으로 한 비폭력대화법, 춤 테라피, 감성수련 등의 영성 프로그램은 부부관계 전체를 통찰하게 하기에, 서로의 신뢰와 사랑을 강화시킬 수 있는 아주 좋은 계기가 된다고 봅니다.

부부가 행복하면 세상이 웃는다

많은 말을 했지만 결론은 공부하자는 것이지요. 공부하고 노력해서 같이 행복해지는 길을 가자는 겁니다. 다른 것을 익히고 배우는 데는 그렇게 많은 돈과 시간을 투자하면서, 부부관계를 개선하고 성장시키는 데는 관심도 없다면, 그거야말로 정말 무지하고 어리석은 것 아닐까요?

그래요. 부부가 행복하고 평화로우면 세상이 행복하고 평화로워집니다. 그러니 서로를 알아야지요. 알면 사랑하게 되고 사랑하면 그때는 달리 보인다고 하잖아요. 서로를 공경하고 신뢰할 때 내게 부족한 그의 성을 깊게 경험할 수 있고, 그의 성을 경험할 때 우리는 비로소 온전한 나를 회복할 수 있습니다. 그러고 보면 이 세상에서 가장 깊고 오묘한 것이 부부요, 둘 사이의 관계가 아닐까 합니다. 그런 관계를 경험하게 해준 내 남편, 내 아내. 오늘은 그를 모시고 이렇게 말해 보십시오. 사랑합니다. 미안합니다. 용서해 주세요. 고맙습니다.

열다섯

마음 차원에서 벗어나기

행복과 자유는 외적인 조건, 물질적인 상태에 따라 얻고 잃고 하
는 것이 아닙니다. 돈, 건강, 가족, 연애, 승진… 이 모든 것이 우리
삶에 영향을 줄 순 있지만 근본적으로 행복과 불행을 가르는 기준
은 될 수 없다고요. 그래요. 행복과 자유는 이미 거기 있는 겁니다.
우리 존재 안에 있어요. 아니, 존재 자체가 행복하고 자유하지요.
다만 우리가 그것을 알아차리고 경험하지 못할 뿐입니다. 그 이유
는 '존재'가 아닌 생각과 느낌, 즉 '마음'으로 살기 때문이에요. 여
기서 마음은 에고와 동일한 의미로 이해하면 됩니다.

프로그래밍 된 대로, 입력된 대로

에고는 조건화되어 있는 나라고 했지요? 이 에고는 칭찬과 위로의 말을 들으면 기뻐하고, 비난과 욕을 들으면 절망합니다. 칭찬과 위로는 기쁜 일이고 비난과 욕은 화낼 일이라고 조건화되어 있어서 그렇지요. 그래요. 이 에고, 즉 마음은 수많은 수식어와 함께 작동합니다. '좋은' 것, '싫은' 것, '징그러운' 것, '유쾌한' 것, '옳거나' 혹은 '그른' 것…. 그래서 사물과 사람과 일을 있는 그대로 보지 못합니다. 사실을 사실 그대로 알아차릴 수가 없다고요. 컴퓨터가 프로그래밍 된 대로 작동하듯이, 마음 또한 A는 곧 싫은 것이고 B는 그른 것이라는 식으로 기계처럼 움직이지요. 마치 누가 왼쪽 단추 누르면 왼쪽으로 가고, 오른쪽 단추 누르면 오른쪽으로 가는 로봇처럼 말입니다. 그러니 여기서 빠져나오지 못하면 평생 가도록 자기 안에 있는 장단과 가락은 듣지도 못하고 남이 입력해 놓은 대로만 살게 되는 거지요.

그렇다면 나를 불행하게 하는 이 프로그래밍은 언제 이루어진 걸까요? 그것은 과거에 내가 한 모든 경험과 그로부터 생겨난 호불호의 감정들, 긍정적이거나 부정적인 생각들, 그리고 어릴 때 받은 교육과 사회문화적인 여론 등등이 어우러져 형성된 거대한 시스템과 같다고 할 수 있습니다. 그러니까 마음 차원에서 산다는 건 과거를 산다는 거지요. 지금, 이 순간을 살지 못한다는 말이에요.

90

어떤 여자가 과거에 성폭행을 당했어요. 그 일이 그녀의 의식과 무의식까지도 지배하기 시작합니다. 남자에 대한 편견이 생겨요. 연애도, 결혼도 할 수가 없습니다. 수치심과 두려움 때문에 지레 미래를 걱정하며 새로운 관계에 자신을 열지 못하지요. 성폭력과 같은 극단적인 예를 들 필요도 없습니다. 일례로 내가 누구와 어떤 일로 다투었다고 칩시다. 그러면 그 사건이 상대에 대한 내 마음을 결정짓기 시작하지요. 다른 시간, 다른 장소에서 그 사람과 마주쳐도 내 마음은 과거에 발생한 그 사건을 통해 그를 봅니다. 지금 이 순간의 그를 결코 만나지 못해요.

그래요. 마음은 이렇게 과거에 직간접적인 경험을 통해 형성된 사고와 믿음 체계로 현재를 판독하고 해설합니다. 이는 또한 미래에 대한 걱정과 근심으로 이어지지요. 교통사고를 당하면 어떡하나, 돈을 잃으면 어떡하나, 사랑이 변하면 어떡하나, 자식이 좋은 대학에 못 들어가면 어쩌나…. 이게 다 뭐예요? 교통사고와 돈 잃는 것과 사랑이 변하는 것과 자식이 좋은 대학에 못 들어가는 것은 안 좋다는 신념을 과거에서부터 형성해 왔기 때문 아닙니까? 그걸 피하고 싶은 마음이 미래를 걱정하게 만드는 겁니다.

「있는 그대로」

자동차 소리라 이름 붙이지 않고
그냥 그 소리로 들어 봅니다.
라일락이라 이름 붙이지 않고
그냥 그것으로 바라봅니다
처음 듣듯이, 두 번 다시 못 들을 듯이
처음 보듯이, 두 번 다시 못 볼 듯이

저것이 무슨 소리일까
저것이 무슨 형상일까
묻지 않습니다
예쁜 소리, 시끄러운 소리
단정한 형상, 어지러진 형상
판단하지 않습니다

가온 자리에서 들리는 대로 듣고
존재로 머무르며 일어나는 대로 봅니다
있는 그대로, 다 듣고 다 봅니다

마음의 색안경을 벗어라

과거에 입력되고 프로그래밍 된 마음에서 벗어나 지금 여기서의 삶을 누리려면 마음에 덧씌워진 색안경들을 벗어버려야 합니다. 그러려면 먼저 내가 어떤 색안경을 쓰고 있는지 알아야하지요.

먼저 '나를 규정하는' 색안경입니다. 예를 들어 나는 충청도 사람, 나는 불교신자, 나는 보수주의자, 나는 노동자… 이런 것들이 다 여기에 해당돼요. 하지만 그것은 다 이름이고 역할이고 성향이지 나는 아니지 않습니까? 그런데 마음은 이걸 강하게 주장해요. 그래서 지역주의가 나오고 종교전쟁이 일어나고 노사 간의 투쟁이 벌어지는 겁니다.

둘째는 세상 모든 것에 '호불호'의 색깔을 칠하는 색안경입니다. 앞에서 여러 번 언급한 싫고 좋음의 분별과 그에 대한 집착이지요. 일단 이 색안경을 쓰고 대상을 보기 시작하면 실제 그 대상을 볼 수 없습니다. 그 대상에 자기가 칠해놓은 색깔만 보게 되는 것입니다.

셋째는 '기억과 습관'이라는 색안경이에요. 이 색안경을 쓰면 봐온 대로 보고 듣던 대로 듣고 해온 대로 합니다. 예를 들어 설거지를 하면서 지금 흐르는 물소리를 듣지 못해요. 그저 기계적으로 손을 움직일 뿐이죠. 또 지금 이 순간의 장미를 보지 못합니다. 세상의 모든 장미는 어렸을 때 처음 본 그 장미일 뿐이라고요. 그러니 삶이 어떻겠어요? 새로운 것이라곤 하나도 없이 지루하고 피곤하겠죠. 우리는 이 기억과 습관의 작동을 대단치 않게 여기지만, 사실 이 색안경이야말로 삶을 서서히 질식사시키는 무서운 병마와도 같아요. 이 색안경을 벗지 못하면 삶이 그대로 멈추는 것입니다.

마지막으로 넷째는 '집착과 두려움'의 색안경입니다. 이 집착과 두려움은 항상 짝을 이루어 붙어 다니지요. 두려움이란 집착하는 것을 잃어버릴까 걱정하는 마음이니까요. 아담이 두려움 때문에 하나님으로부터 숨으려고 한 것처럼, 우리도 이 집착과 두려움으로 인해 거짓말하고 변명하고 싸웁니다. 그 결과 자신과 타인을 파괴하게 되는 겁니다.

열여섯

밝은 눈의 회복

마음에 덧씌운 색안경을 벗고 밝은 눈을 회복하려면 우선 내가 색안경을 쓰고 있음을 알아야 합니다. 내가 대상을 사실 그대로 보지 못하고, 수많은 신념과 습관과 집착과 두려움이라는 필터를 통해 걸러 보고 있음을 알아차리라는 말입니다.

알아차린 후에는 대상을 다시 보기 시작합니다. 분석하거나 판단하거나 정죄하지 않고 그냥 봅니다. 이름도 붙이지 않습니다. 누가 '마당에 장미가 폈네' 하면, 그걸 보기도 전에 벌써 머릿속으로는 예전에 봤던 장미가 떠오르지 않습니까? 이름에 얽매여서 그래요. 실제 그것으로 보지 못하고 이름으로 기억된 과거의 기억에 의존하게 되는 겁니다.

처음 보듯, 두 번 다시 못 볼 듯

제가 늘 강조하는 말이 있지요. '처음 보듯, 두 번 다시 못 볼 듯.' 그래요. 지금 그것을 본다는 것은 늘 처음이지요. 과거에도 본 적 없고 앞으로도 볼 일이 없습니다. 색안경을 벗고 본다는 건 그런 거지요. 공자도 "사흘 만에 만난 친구를 전에 만났던 그 친구로 대해서는 안 된다"고 말했습니다. 하지만 우리는 어때요? 오늘 만난 친구를 10년 전의 그 사람으로 보지요. 그 친구가 그동안 무엇을 하고 누구를 만나고 무슨 책을 읽었는지는 고려하지 않아요. 극단적으로는 한 번 친구는 영원한 친구고 한 번 죽일 놈은 영원한 죽일 놈이 되는 겁니다.

이름 떼고 지식 떼고 판단과 분석 떼고 대상을 있는 그대로 보기 위해 깨어나기 프로그램 중에 하는 게 있지요. 마당 가운데 서 있는 느티나무를 가리키며 묻습니다. "저것이 무엇입니까?" 가장 일반적인 대답은 "느티나무"라는 것이죠. 다시 묻습니다. "정말 저게 느티나무입니까? 느티나무는 이름 아닌가요?" 그러면 이제 다들 머리를 굴려 대답을 짜내기 시작하지요. '초록색 잎을 가진 나무'라는 사람도 있고 아주 추상적으로 '희망'이라고 하는 사람도 있고 불가지론자인 양 '모른다'고 대답하는 사람도 있고요. 우스갯소리 잘 하는 어떤 이는 '비싼 나무'라고 하기도 합다.

그런데 이게 다 뭐예요? 그것 자체를 꿰뚫는 게 아니죠. 단지 그것에 '대한' 기억된 개념 혹은 부분 지식이 아니면 자기 생각입니다. 사실 그것 자체는 말로 표현이 안 돼요. 말로 하는 순간 기존의 지식과 개념을 빌려와야 하잖아요. 그래요. 그것의 본질은 언어 이전의 세계에 속합니다. 그러므로 설명되고 이해되는 게 아니라 오직 경험될 수 있을 뿐이에요. 말로는 '느티나무라 불리는 그것'이라고밖에 할 수 없는 겁니다. "느티나무를 느티나무로 보는 한 그것을 보는 게 아니다!"라고 하는 말을 이제 이해할 수 있겠지요?

관觀하면 통通한다

밝은 눈을 회복하는 또 하나의 방법으로 '관상기도'를 추천합니다. 관상기도는 불교의 수행 방법인 위빠싸나Vipassana처럼 대상을 관觀하는, 즉 있는 그대로 보고 통찰하는 직관의 힘을 키워줍니다. 장사치들이 난무하는 성전에서는 기도할 수 없듯이 어지러운 마음으로는 관상이 불가능하지요. 그러니 먼저 마음을 고요하게 하십시오. 호흡을 바라보면 마음을 차분하게 가라앉히는 데 도움이 됩니다. 그리고 자기의 모든 움직임을 놓치지 말고 다 알아차려 봅니다. 걸을 때는 왼 발 오른 발을, 밥을 먹을 때는 수저의 움직임과 씹는 동작을, 그리고 앉고 걷고 서고 눕는 모든 움직임을 말입니다. 그때 일어났다 사라지는 생각, 느낌 또한 알아차려 봅니다. 이 관상기도를 꾸준히 하다 보면 지금 여기 있는 나와 일어났다 사라지는 것들이 확연히 분리가 됩니다. 사물과 사람을 볼 때도 현상 너머의 본질을 볼 수 있게 되지요. 색안경이 아닌 밝은 눈으로 보게 된다 이 말입니다.

백 번 듣는 것보다 한번 보는 것이 낫다(百聞而不如一見)는 말이 있지요? 그래요. 보는 게 그렇게 중요해요. 성경 백 날 읽으면 뭐 합니까? 자기가 하나님을 봐야 할 것 아니에요. 마태복음에는 또 한 이런 구절이 있지요. "눈은 몸의 등불이다. 그러므로 네 눈이 성하면 온몸이 밝을 것이요, 네 눈이 성하지 못하면 온 몸이 어두울 것이다. 네 속에 있는 빛이 어두우면, 그 어둠이 얼마나 심하겠느냐?"(마6:22~23)

그래요. 우리 모두 성한 눈, 밝은 눈을 가져야겠어요. 그래야 삶도 밝아집니다. 산山은 산山으로, 물水은 물水로, 수건은 수건으로, 걸레는 걸레로 보게 되니까 그 자체가 평화이지요. 더 이상 좋은 차, 똥차, 중고차, 큰 차라는 개념 없이 그랜저는 그랜저로, 티코는 티코로 보는 겁니다. 이것이 바로 "하나님께서 보시니 참 좋았다"고 한 그 전체가 좋음의 세계이지요. 좋고 싫고 할 때 그 좋음이 아니라 절대적인 좋음, 그래서 좋은 것도 싫은 것도 없는 좋음입니다.

있는 그대로

사실의 세계를 경험하고 지금 여기에 충만한 행복과 자유를 느끼기 시작하면 세상 모든 것을 있는 그대로 보는 눈이 더욱 또렷해집니다. 판단하지 않고, 분석하지 않고, 그것과 오롯이 하나가 되는 가능성이 열리는 것이죠. 그때 체험하는 느낌이 있어요. '영혼 느낌'이라 합니다. 과거의 경험과 관습, 편견에 의해 이미 물들어 있는 '세상느낌'과는 엄연히 다른 것이지요.

세상느낌은 내가 지금껏 쌓아온 신념 체계, 그것들에 의해 작동하는 마음, 즉 에고에 이미 오염돼 있습니다. 그래서 어떤 것을 대할 때 자동적으로 싫은 느낌이 들고 귀찮아지고 또 질투심이 생기

「사랑이」

들숨에 사랑이 있습니다
날숨에 사랑이 있습니다
왼발에 사랑이 있습니다
오른발에 사랑이 있습니다
눈 속에 사랑이 있습니다
입 속에 사랑이 있습니다
귀 속에 사랑이 있습니다

나는 이미 사랑 속에 있습니다

귀가 할례 받으면 듣고
눈이 할례 받으면 보고
입이 할례 받으면 말하고
가슴이 할례 받으면 사랑하고

사랑이 귀를 듣게 합니다
사랑이 눈을 보게 합니다
사랑이 입을 말하게 합니다
사랑이 가슴을 느끼게 합니다

고 외로운 느낌이 들지요. 그렇게 입력이 돼 있기 때문에 그대로 우리의 감각이 자동반응 하는 것입니다. 반면 영혼느낌은 에고가 아닌 순수의식에서 비롯됩니다. 생각의 과정을 거치지 않으니 싫고 좋고 귀찮고가 없어요. 옳고 그름도 없지요. 더럽고 깨끗한 것도 없습니다. 다만 순간순간을 있는 그대로 느낄 뿐이에요. 그래서 영혼느낌으로 대하면 이름이 아닌 '그것'으로 느껴집니다. 소나무가 아닌 소나무라 불리는 그것, 하늘이 아닌 하늘이라 불리는 그것, 김 아무개가 아닌 단지 김 아무개로 불리는 그것, 내 자식 내 부모가 아닌 단지 그것들…. 그 자체로는 아름답지 않거나 완전하지 않은 것이 하나도 없어요. 그러니 보고 듣고 만지는 것이 늘 놀랍고 새롭지요. 이때 비로소 "아하! 나는 지금 행복하고 지금 자유롭구나. 존재 자체가 행복이고 자유로구나" 이런 탄성이 터지는 겁니다.

그것을 그것으로 만나기 위해

성경에 이런 구절이 나오지요. '공중에 나는 새를 보라, 들에 핀 꽃들을 보라.' 여기서 보라! 는 의미가 바로 위에서 말한 '있는 그대로 보라'는 말입니다. 내 생각과 기존 경험을 생각의 필터로 거르지 말고, 입력되고 프로그래밍 된 마음의 작동을 멈춘 채 보라는 거지요. 그러면 알게 됩니다. 어제 본 하늘과 지금의 하늘이 같지 않다는 것을. 하물며 사람이라고 같을까요? 10년 전의 내가 이름과 얼굴이 같다고 해서 지금의 나와 같다고 할 수 있을까요? 곁에 있는 아내가 과연 내가 알고 있는 그 아내일까요? 신神은 또 어떻습니까? 교회 다닌다고 다 하나님을 알까요? 연애 몇 번 해봤다고 해서 사랑을 알까요? 그러고 보면 우리가 무언가를 안다고 할 때 정말 그것을 알고 있는 것인지 의심하지 않을 수 없습니다. 많은 사람들이 있는 그대로를 보지 않고 자기 안에 형성되어 있는 생각과 세상느낌의 그물망을 통해 보니까요. 그래서는 죽었다가 깨어나도 '그것'을 알 수가 없으니까요.

자기 방식대로, 즉 자기가 보고 싶은 대로 보고, 듣고 싶은 대로 듣는 것은 생각의 장난입니다. 그 장난에 놀아나지 않고 자기의 주관적인 믿음과 착각과 환상에서 벗어나 사물을, 사람을, 일을, 그리고 세상을 있는 그대로 바라보는 것. 그것이 바로 진정한 앎의 시작이지요. 그것은 또한 '구원'이기도 합니다. 왜냐고요? 그때야 비로소 진정한 사랑이 시작되니까요. 그렇잖아요. "내 마음에 들면 좋고 안 들면 싫다"는 것이 사랑은 아니죠. 내 신념 체계에서 벗어났다고 배척하고 외면하고 비판하는 것이 사랑일 수는 없는 겁니다. 그런 편협한 사랑으로는 우주가 주는 은총을 못 받아요. 비 오는 날은 우울해야하고, 걸레는 더러워서 싫고, 청소부로 일하는 것은 창피하고 힘들다는 마음으로는 우주의 섭리를 이해하고 그에 순응하며 행복을 누리는 것 자체가 불가능하다는 것이지요.

진정한 사랑, 온전한 삶의 시작

자, 여러분은 지금 무지無知에서 벗어나 진정한 앎을 알아가는 법, 고통에서 걸어 나와 사랑을 시작하는 원리를 배워가고 있습니다. 그러고 보면 지금까지 보고 듣고 한 것은 전부 거짓된 생각이었지요. 하늘이 아닌 구름만 본 거나 마찬가지입니다. 하지만 구름 위엔 늘 푸르게 빛나는 창공이 있잖아요. 에고에 의해 짜여진 생각과 느낌을 거두어내면 우리의 삶도 그렇습니다. 매일이 신비롭고 새로운 앎이고 매일이 사랑이지요. 날마다 거듭남이고 날마다 부활인 겁니다.

열여덟

현재present 라는 선물present 누리기

내가 마음을 움직이지 못하고 거꾸로 마음에 의해 조종당하는 사람들이 흔히 하는 말이 있습니다. 과거에 겪은 일 때문에 현재의 내가 불행하다는 것이지요. 제가 보기엔 전형적인 핑계 대기입니다.

앞서 '화가 날 일입니까' 물음을 통해 우리가 본 세계가 있지요. 옆집 오빠가 어린 나를 성폭행 한 일, 부모가 이혼한 일, 사업에 실패한 일, 친구가 돈 떼먹고 도망간 일 등은 그저 과거에 일어난 사실일 뿐, 화가 날 일은 아니라는 겁니다. 내가 화를 내기로 선택한 것이지 화가 날 일은 아닙니다. 더군다나 "과거에 일어난 그 일은 사실입니까, 생각입니까?" "사실입니다." 사실은 내 마음대로, 생각대로 바꿀 수 없어요. 그런 일이 안 생겼다면 더 좋았을지도 모릅니다. 그러나 어쨌든 일어난 일이에요. 그러니 내가 싫다고, 마음에 안 든다고, 그로 인해 상처받았다고 없었던 일로 할 수는 없는 겁니다.

그때는 그래야 했고 지금은 이래야 하는 순간

이를 인정하고 나면 화날 일 없는 세계를 보게 되지요. 또한 바꿀 수 있는 건 내 생각뿐이고, 그것을 통해 현재의 삶을 바꿀 수 있다는 자각自覺을 얻게 됩니다. 그로써 과거의 상처 때문에 지금의 나를 괴롭히는 대신, 내 생각을 바꿈으로써 지금의 삶을 새롭게 창조할 수 있는 기적을 체험하지요. 이때 비로소 현재present를 선물present로 받는 겁니다. 이렇게 과거의 망령에서 벗어난 사람은 이전에 자신을 화나게 했던 일이나 사람이 오히려 자기 안에 있던 어둠을 비쳐준 거울임을 고백합니다. 그 일이, 그 사람이 그때 있었기에 내가 삶의 다른 면을 경험할 수 있었음을, 그래서 의식이 더 성장하고 진화할 수 있는 가능성이 생겼음을 알게 되는 거지요. 이때쯤 되면 지나간 모든 것이 감사하다는 말이 절로 나옵니다. 지나온 모든 것의 결과로 지금의 내가 있을 수 있다는 것, 그때는 그래야 했고 지금은 이래야 할 순간을 깨닫게 되는 거예요.

한편 미래에 행복하기 위해 지금을 희생해야 한다고 주장하는 사람들도 있지요. 부모가 아이들에게 그런 말 자주 하잖아요. 지금 열심히 공부해야 좋은 대학 가서 성공할 수 있고 그래야 인생이 행복하다고요. 또 취미생활도 가족 간의 교류도 없이 오로지 돈 버는 데만 혈안이 된 사람 중에는 이게 다 나 자신과 가족의 안락한 미래를 위한 것이라고 말하는 이가 많습니다. 이 역시 아직 오지 않은 미래를 핑계 삼아 현재를 살기를 거부하는 변명이지요.

공부 열심히 해서 좋은 대학 가는 것, 돈 많이 버는 것 다 좋습니다. 하지만 그것을 행복의 필수 조건이라고 못 박는 순간, 지금은 말할 것도 없고 미래에도 행복해질 수가 없어요. 돈은 벌 때도 있고 잃을 때도 있잖아요. 성적은 올라갈 수도 내려갈 수도 있는 겁니다. 그처럼 변화무쌍한 것에 자기 생각 기준의 행복을 거니 무슨 수로 행복해지겠습니까?

더군다나 이 지구별은 참으로 경험해야 할 것들로 가득 차 있어요. 풀잎에 맺힌 아침이슬, 깊은 산 속에 핀 야생화, 밤하늘의 총총한 은하수… 선각자들이 남긴 지혜의 말씀과, 삶의 비밀을 본 거장들이 남긴 다양한 예술작품들… 그리고 내 부모의 거칠어진 손, 부부 간의 따스한 입맞춤, 선후배 동료에게 건네는 칭찬 한 마디…. 이 모든 것이 삶의 신비이고 즐거움인데 성적과 돈 때문에 다 놓치면 이 아름다운 지구별 여행이 너무 억울하잖아요?

지금 여기에 깨달음과 천국이

여러분, 행복은 지금 여기를 살 때 저절로 따라오는 결과물 같은 것입니다. 어느 유명한 선사가 "밥 먹을 때 밥 먹고 잠잘 때 잠자는 것이 곧 도道고 깨달음覺"이라고 한 것이나, 예수가 "천국은 여기에 있다"고 한 것도 같은 의미예요. 지금 이 순간에 존재하는 자체가 깨달음이고 천국이라는 얘기지요. 그러니 과거에 고착되려 하고 미래로 달려가려는 마음을 현재로 데려 오십시오. 그것만이 지금 여기에 이미 가득한 행복과 자유를 누릴 수 있는 유일한 길입니다.

그 길 위에서 여러분은 더 이상 애벌레가 아닌 나비입니다. 애벌레일 때는 길 위에 놓인 작은 돌멩이, 한 떨기 가시나무, 흐르는 냇물이 다 문제고 고통이고 넘어서야 할 숙제였지만, 나비에게는 어때요? 그래요. 전부 근사한 구경거리고 경험할 신비가 되는 겁니다. 더 이상 집착도 두려움도 없습니다. 판단과 분별과 부분적인 지식과 개념에 매이지도 않습니다. 삶이 비로소 살아가게 되는 거지요. 그 자체로 충분히 좋고 감사하고 온전한 삶입니다.

열아홉

삶의 예술가로 깨어나기

인간의 의식은 크게 보면 두 가지로 나뉩니다. 깨어 있느냐, 잠자고 있느냐. 그렇습니다. 내가 지금 무엇을 하고 있는 줄 알면 깨어 있는 것이고, 그렇지 못하면 육체의 두 눈은 뜨고 있을지언정 의식은 잠들어 있거나 꿈속에 있는 겁니다. 좀 더 구체적으로 말해 볼까요? 의식이 깨어 있는 사람은 사실을 사실 그대로 보지만, 그렇지 못한 사람은 사실을 있는 그대로가 아닌 자기 생각이나 욕망, 바람과 기대에 걸러서 봅니다. 그것 자체가 아닌 자기 생각이 만들어낸 환상을, 허상을 보는 것이죠. 그래서 무엇을 보느냐가 중요한 게 아니라 '어떻게' 보느냐가 중요한 겁니다. 의식에 따라 그 '어떻게'가 달라지고, 그에 의해 삶이 달라지니까요. 똥을 단지 더러운 것으로 보는 사람은 매일 싸는 똥의 더러움 속에서 살아갈 것입니다. 반면 똥을 거름으로 보는 사람은 거름이 주는 유익함 속에서 살아가겠지요.

행복은 이렇게 자기의 의식의 수준에 따라 오는 부산물이지, 오직 행복만을 추구할 대상은 아닙니다. 우리가 찾아 나서야만 하는 무엇이 아니라는 거지요. 오히려 그것은 내가 어떻게 보느냐 그 방법과 요령만 터득하면 저절로 주어지는 선물 같은 것입니다. 그러니 그 방법과 요령만 알면 되겠지요? 여러분은 이미 앞에서 다 배웠습니다. 사실 그대로 듣고, 있는 그대로 봅니다. 이것이 사랑이에요. 사랑의 귀로 듣고 사랑의 눈으로 보면 그 자리가 행복입니다.

정신분석으로 소경을 살릴 수 있을까?

성경에 요한복음이라고 있어요. 9장을 보면 제자들이 날 때부터 소경인 사람을 예수에게 데려와 묻는 장면이 나옵니다. "선생님, 이 사람이 눈먼 사람으로 태어난 것이 부모의 죄입니까? 아니면 자신의 죄입니까?" 그러자 예수가 대답하지요. "그것은 그 사람의 죄도 아니고 부모의 죄도 아니다. 다만 하나님께서 하시는 일을 그를 통해 드러나게 하시려는 것이다."

제가 지금 말하려는 요지는 '분석과 깨어남의 차이점'입니다. 많은 사람들이 자기 자신과 남을 이해하기 위해 분석을 하지요. 심리도 분석하고 성격도 분석합니다. 또 무의식의 세계와 정신까지도 분석해요. 그리고 이 모든 분석을 위해 그가 과거에 무슨 일을 경험했는지, 그때 입은 상처, 즉 트라우마가 무엇인지 분석하지요. 그런데 여기서 알아야 할 한 가지 중요한 사실이 있어요. 아무리 뛰어난 분석가라 할지라도 과거에 일어난 사건을 바꿀 수는 없다는 것입니다. 다시 말하면 바꿀 수 없는 과거의 일을 분석하는 데 너무 집착하는 것은 좋은 치유 방법이 아니라는 거지요.

이와 관련해서 재미있는 얘기 하나 할까요? 15년 동안이나 정신과를 다니며 정신 분석을 받고 있는 사람이 ALP프로그램에 왔어요. 이 사람 또한 심리학을 전공했고, 일하는 분야도 그런 쪽이었지요. 그런데 아침에 일찍 일어나지 못해 늘 회사에 늦습니다. 또 직장 선배나 사장이 부르거나 뭘 요구해도 '예' 하고 친절하게 응대를 못해요. 머릿속은 늘 복잡한 생각으로 가득 차 있고, 얼굴은 굳어 있고 어깨는 처져 있습니다. 눈빛은 죽어 있고 걸음에도 힘이 없어요. 이것이 몇 년 간 전공으로 심리학을 공부하고 15년 간 정신 분석을 받은 사람의 실제 모습이라고요.

자, 그러면 예수는 과거 탐사와 정신 분석으로 치유하겠다는 사람들과 뭐가 달랐던 걸까요? 날 때부터 눈먼 게 부모의 죄 때문이냐, 아니면 본인의 죄로 인한 것이냐, 하고 제자들이 물은 것은 결국 소경의 과거사를 분석해 달라는 겁니다. 그런데 예수가 뭐랍니까? 부모의 잘못도 그의 잘못도 아니라고 하지요? 그래요. 누구의 잘잘못인지 따지지 않습니다. 원인을 분석하지 않아요. 오히려 하나님께서 하시는 일을 그를 통해 드러나게 하시려는 것이라고 풀이하지요. 즉, 눈이 안 보이는 현재의 '사실'을 통해 하나님을, 우주의 의도를 발견하도록 도와주는 겁니다. 그러니 이것이 진짜 영성이고 치유 아닐까요?

설혹 소경이 자기가 눈먼 게 누구 때문이고 원인이 무엇인지 알았다고 칩시다. 그런들 눈을 뜰 수 있을까요? 없지요? 오히려 원인을 제공한 그 대상을 원망하고 탓할 가능성이 더 큽니다. 반면 현재의 사실을 있는 그대로 받아들이고 이것 또한 신이 하시는 일의 한 부분이라고 생각하면 어때요? 아닌 말로 안마 기술이라도 익혀 남을 돕고 자신도 사는 방향으로 나가지 않겠습니까?

'왜'가 아닌 '어떻게'를 묻다

그렇다고 과거 탐사와 분석 작업을 기피하거나 부인하는 것은 아닙니다. 반대로 삶을 예술로 가꾸는 사람들의 의식변화 프로그램인 ALP 코스 1단계 〈깨어나기〉에서는 이를 적극 활용하기도 하지요. 가장 힘들었던 사건, 나를 치욕스럽게 했던 사람을 떠올리게 합니다. 화가 나 있었는데 화를 내지 못했던 나, 싫은데 싫다는 말을 하지 못했던 나를 돌아보게 합니다. 그리고 지금 이 자리에서 솔직하게 쏟아낼 수 있게 도와줍니다. 이미 지나간 과거지만 아직도 마음에 남아 지속적으로 나를 괴롭히는 것을 찾아 직면하게 하는 거지요. 그게 슬픔이든 두려움이든 화든, 만나서 풀게 하는 겁니다. 그때 분명 정화가 일어나고 치유가 됩니다. 또 그만큼 스스로 깨어날 수 있는 힘을 갖게 되고요. 하지만 이는 전체 프로그램의 한 부분이며 과정이지, 프로그램의 목적은 아닙니다.

과거 탐사와 심리 분석 및 정신 분석은 내가 왜 그런 행동을 하는지, 상대가 왜 그런 행동을 하는지 이해하는 데 도움을 줍니다. 그래서 스스로 위로 받을 수 있고 또 남을 위로할 수는 있어요. 하지만 결정적으로 사람을 바꾸지는 못합니다. 거듭남의 길로 인도할 수는 없다는 얘기예요. 이는 제 생각이 아니라, 정신분석 이론과 방법을 발전시켜온 서양 심리학자들 스스로가 하는 말입니다. 바로 이런 한계 때문에 그들이 동양의 깨달음 세계, 혹은 원초적인 신앙 및 신화에 눈을 돌리는 것 아니겠습니까?

영성이란 말이나 글이 아니에요. 이론과 지식은 더더욱 아니고요. 그래서 영적인 안내란 분석이 아닌 경험시키는 것이지요. 그를 통해 가장 효과적인 삶의 길을 찾도록 도와주는 겁니다. 예수가 일찍이 그런 안내를 하지 않았습니까? 그분은 '왜'라고 묻고 따지지 않았습니다. 그보다는 '어떻게'를 찾아가는 길을 보여주었지요. 사실을 수용하고 그 안에서 진리를 경험하게 한 겁니다.

경험을 통하면 가슴으로 느끼고 깨닫지만, 분석을 통해서는 머리로만 이해하고 아는 것에 그칩니다. 그래서 변화의 힘을 가질 수 없어요. 예를 들어 대부분의 사람들이 담배와 술의 유해성에 대해 잘 알면서도 정작 끊지는 못하잖아요? 이유가 뭐겠어요? 정말 해롭다는 것을 머리로만 알고 있기 때문이지요. 안다고 생각하는 거예요. 하지만 진짜는 모르는 겁니다. 그런 지식 안에 갇혀서는 깨달음으로 갈 수 없어요. 알이 병아리로 태어나기 위해서는 먼저 엄마인 닭의 품으로 들어가야 하지요. 그래야 깨어나는 겁니다. 그런데 자기 생각과 지식과 분석의 틀에 갇혀 닭 품에 들어가는 스승이나 선생님을 만나는 경험을 안 하려 드니 깨어날 수 있겠습니까?

현재를 사는 삶의 예술가

술과 담배가 내 몸 안에서 독소가 된다는 것을 생각이 아닌 사실로 경험하면, 그 사람은 담배와 술 냄새도 맡으려 하지 않을 것입니다. 그때는 내가 술을 끊고 담배를 피우지 않는 것이 아니에요. 저절로 술이 끊기고 담배가 달아나는 것이죠. 내가 그 일을 하는 게 아니라 그 일이 내 안에서 일어나는 겁니다. 이것이 진정한 변화고 영성이에요. 내가 변화하는 것이 아니라 변화가 나를 통해서

113

일어나는 겁니다. 다시 말하면 변화는 애쓰고 따지고 분석해서 되는 게 아니라는 거지요. 엄마 품 안에 있을 만큼 있으면 때가 차서 깨어나는 병아리처럼, 변화는 내가 신의 의식 안에 거하고 스승의 안내 아래 있을 때 저절로 일어난다는 겁니다.

여러분, 분석의 한계를 알아차리십시오. 얼마간 과거 탐사가 되고 심리 분석이 되었다면, 다시 지금 여기로 나오는 게 순서입니다. 아침에 웃으면서 벌떡 일어납니다. 신발은 가지런히 돌려놓고 방 청소를 합니다. 밥 먹을 때는 밥만 먹고 잠잘 때는 잠만 잡니다. 일터에 나가서는 누구에게나 친절하게 웃습니다. 사장님에게는 늘 '예' 하고 기쁜 마음으로 일합니다. 아침저녁으로는 내게 숨 쉴 건강을 허락하신 하나님께 감사의 기도를 드립니다. 일주일만 이렇게 하고 한 번 보세요. 내 표정과 눈빛과 걸음이, 내 삶이 어떻게 달라지는가 보시라고요.

자, 우리가 사는 길은 지금 이 순간 현재로 나오는 것입니다. 생각에서 나와 지금 필요하고 내가 하고 싶고 할 수 있는 일을 하는 것이지요. 삶은 이렇게 간단합니다. 복잡하고 어렵다고 여기는 것은 내 생각일 뿐이지요. 그러니 지금 이 순간 현재로 깨어나십시오. 깨어나면 내가 그것들을 마음대로 하지만 깨어나지 못하면 그것들이 나를 마음대로 합니다. 깨어나지 못하면 삶은 풀어야 할 문제가 되지만, 깨어나면 삶은 경험해야 할 신비가 되고 가장 아름다운 예술이 됩니다.

깨어난 사람, 그를 삶의 예술가라 함은 바로 이런 이유 때문입니다. 그런 사람만이 오직 현재를 살기에 삶의 유일하고 독특한 색깔, 향기, 모양, 감촉을 느끼고 받아들일 수 있습니다. 그러니 무엇을 보아도 새롭고 누구를 만나도 배울 수 있고 무슨 일을 해도 신나는 겁니다. 어때요, 여러분? 내 삶을 이런 작품으로 만들어 보고 싶지 않습니까? 최고의 삶의 예술가가 되어 지구별을 더욱 아름답고 풍요로운 곳으로 바꿔 놓고 싶지 않습니까? 깨어나면 저절로 그렇게 됩니다. 아니, 오직 그 길뿐입니다.

지금껏 내가 나로 알던 육체는
사실은 내가 아니라
단지 지구별을 방문할 때 입고 온 지구복일 뿐임을 아는 것

지금껏 내가 생각해 온 죽음은
사실은 내가 죽는 것이 아니라
단지 그 지구복을 벗고 온 곳으로 돌아가는 것임을 아는 것

이제껏 아무것도 죽지 않았고
아무것도 태어나지 않았음을
다만 때가 되어 그런 변화가 일어났을 뿐임을 아는 것

태어나기 전에 있는 나를 보고
죽음 이후에 있는 나를 보는 것
그리고 그 사이에 나타나는 나를 사는 것

이것이 바로 깨달음입니다

2장

3.6차원에서 4차원으로

_나를 떠나 나에게로 돌아가는 여행

변화란 의식의 차원 이동

제 삶의 주제는 '인간 의식변화를 통한 삶의 질 향상'입니다. 여기서 변화란 모자 바꿔 쓰고 옷 몇 벌 바꿔 입고, 혹은 명찰 바꿔 달고 자리 바꿔 앉는 것을 의미하지 않아요. 인간 변화란 거듭남, 즉 차원의 이동이지요. 그것도 수평 이동이 아닌 수직 이동이에요. 다시 말해 의식의 차원이 1차원에서 2차원으로, 2차원에서 3차원, 다시 4차원으로 이동하는 것이 진정한 변화라는 것입니다. 비유하면 알에서 깨어나 병아리가 되는 것, 애벌레가 고치에서 나와 나비가 되는 것이라 하겠습니다.

평생 우물 안에서만 산 개구리가 우물 밖 사정을 알 수 있을까요? 없지요? 차원도 마찬가지예요. 차원 안에서 의식이 형성되기에 자기가 속한 차원 이상의, 그 너머 세계를 알 수 없습니다. 1차원에 머무는 사람은 오직 1차원에 해당하는 의식으로 보고 들어요. 2차원 의식을 지닌 사람은 또 2차원의 눈과 귀로만 살아가고요. 3차원, 4차원이 그렇게 다 다릅니다.

차원이 다르면 삶이 다르다

예수가 니고데모에게 말합니다. "사람이 거듭나야 하늘나라에 갈 수 있다." 그러자 니고데모가 "이 늙은이가 엄마 배 속에 다시 들어갔다가 나와야 합니까?" 하고 반문하지요. 거듭남이라는 단어 하나를 쓰고 듣는데도 의식의 차이, 차원의 차이가 이렇게 다르게 드러납니다. 예수는 영적 차원에서 거듭남을 이야기하는데 니고데모는 육체적인 차원에서 듣고 있는 거지요.

성경엔 이와 같은 사례가 아주 많습니다. 어느 날 예수가 사마리아 지역의 우물가에서 만난 한 여인에게 생수 이야기를 합니다. 예수가 말한 생수는 영혼을 깨우는 생수이지요. 반면 그 여인은 단지 육체의 갈증을 해소해 주는 물로 받아들이고 이렇게 묻습니다. "당신에겐 두레박도 없고 자동 펌프도 없는데 어떻게 이 우물물을 길어줄 수 있다는 겁니까?" 또 예수가 "진리를 알지니 진리가 너희를 자유롭게 하리라"고 하니까 바리새파 사람들이 뭐라고 응수해요? "우리가 언제 노예였다고 그런 소리를 하는가?" 하고 되레 반박하지 않습니까? 그러니 "나는 아브라함 이전부터 있다"는 예수의 말을 알아들을 수가 없지요. 나이 오십도 안 된 것이 별 얘기를 다 한다고, 정신이 어떻게 된 거 아니냐고들 조롱합니다. 시공간의 지배를 당하는 3차원의 의식으로는, 그것을 초월해 있는 4차원, 즉 영적 차원에서 말하는 예수님의 말씀을 도무지 이해할 수 없어서 생긴 결과입니다.

예수님은 사람이라는 존재가 단지 육체만이 아님을, 영적인 존재임을 일깨우러 오신 분이시지요. 신神이 흙으로 사람을 빚고 끝냈다면 그건 다만 고깃덩어리, 살덩어리에 불과했을 겁니다. 그런데 그 안에 숨을 불어넣지요. 하나님이 불어넣은 숨, 그것이 바로 영靈인 것입니다. 그렇게 보면 우리의 몸은 영을 담는 그릇이요, 신이 거하는 성전이 됩니다. 그렇다고 몸이 중요하지 않다거나 몸을 통해 작동하는 생각과 느낌의 세계를 무시하는 것은 절대 아닙니다. 다만 영적인 본질에 근거해서 생각과 느낌 세계를 제대로 누리고 살자는 것이지요.

반면 이를 모르고 몸이 전부인 줄 알고, 본질을 착각하면 어떻게 되겠어요? "나"라는 존재의 핵심에 접근해 보지도 못하고 생각과 느낌에 휘둘리며 살다가 인생 끝나는 거지요. 이 지구별에 "나"로 와서는 그 나를 알지도 못한 채 떠나게 된다 이겁니다. 그게 안타까워서 예수와 붓다를 비롯한 많은 성인들이 이 지구별을 방문해 위대한 가르침을 남기고 간 거예요.

에고에서 셀프로

chapter 1장에서는 생각에서 빠져나와 사실의 세계로 진입하는 깨어나기 여행을 했지요. 애벌레의 의식에서 나비의 의식으로 거듭난 겁니다. 3차원에서 3.6차원으로 이동했다고 할까요? 이번 장에서는 한 걸음 더 나아갑니다. 사실 너머의 세계인 4차원으로 이동하는 거지요. 육체의 눈, 귀로 접근해서는 보고 들을 수 없는 세계, 생각과 느낌으로 발현되는 마음 차원에서는 도저히 알 수 없는 세계를 경험하려 합니다.

성경은 마음 차원에 대해 다음과 같이 말하고 있습니다. "너희는 마음에 근심하지 말라." 그래요. 마음 차원에서는 늘 걱정을 달고 살 수밖에 없습니다. 그래서 성경은 "하나님을 믿고 또 나를 믿으라!"는 처방을 내립니다. 근심 걱정으로 얼룩진 마음 차원에서 벗어나 4차원인 '믿음' 차원으로 나아가라는 겁니다. 물론 여기서 말하는 믿음은 주관적인 신념이나 혹은 특정 종교에 귀속된 믿음을 의미하지 않습니다. 오히려 그 모든 것을 초월한 순수의식을 일컫는 것입니다. 하나님, 참 나, 셀프Self로 거듭나는 것이 곧 믿음이라는 말입니다.

그래서 이 믿음 세계를 경험하기 위해서는 '나'를 알아야 합니다. 여기서 '나'란 에고가 아닌 셀프Self(영적인 존재로서의 셀프는 일반적인 개념으로의 나, 즉 에고와 동일시되는 self와 구분하기 대문자 S로 표현함)이지요. "참 나, 얼 나, 영靈"이라고도 해요. 성경을 들춰보면 에고와 셀프에 대한 무수히 많은 은유적 표현이 나옵니다. 이를테면 이런 것들입니다.

"나(ego)는 십자가에 못 박혀 죽었나니 이제는 내(ego)가 사는 것이 아니라 내 안의 그리스도(Self)가 산다." "나(Self)는 부활이요 생명이니 나(ego)는 죽어도 살겠고, 살아서 나(Self)를 깨달으면 영원히 죽지 않는다."

그러니까 이 나(Self)를 아는 것이 곧 진리를 아는 것이지요. 여기서 '안다'는 것은 머리로 아는 게 아니라 가슴으로 경험하는 겁니다. 생각의 알에서 깨어났듯이 다시 한 번 진짜 나로 깨어나는 경험이 있어야 한다는 말이에요. 이때 변화는 저절로 일어납니다. '주어진다'는 표현이 더 정확하지 않을까 싶어요. 세상에서 흔히 말하는 변화란 3차원, 즉 마음 차원의 결심과 노력을 의미하지요. 이는 일시적인 밀어붙임 혹은 다그침이기 쉽습니다. 자기에 대한 억압을 동반하는 일이 많은 것 처럼요. 하지만 영적인 차원에서의 변화는 자연스러워요. 믿는 대로 되는 것이지요. 그것이 곧 자연의 이치, 우주의 순리이기 때문입니다. 그러니 여러분, 이제부터는 변화를 결심하지 마십시오. 오히려 에고 차원에서의 노력은 다 버리는 것이 참나, 순수한 자기 자신으로 돌아가는 지름길입니다.

스물하나

세상에서 가장 중요한 물음

산다는 것. 사랑하고 미워하고, 싸우고 화해하고, 돈 벌고 돈 잃고 하는 그 모든 게 결국은 '나 되기' 위한 것입니다. 그 사실을 알면 깬 사람이고, 모르면 눈 감고 잠자는 사람이에요. 알면 내 앞에 일어나는 일을 감사히 수용하며 그로부터 무엇을 배울 것인지 찾지만, 모르는 사람은 왜 나에게 이런 일이 생기는 거냐며 불평하고 탓하고 원망하지요. 그렇다면 나 되어 간다고 했을 때 그 나는 누구일까요? 그걸 알아야 정말 깬 사람으로 살 수 있지 않겠어요?

「묻고 비추고」

물음을 놓치지 마십시오
물음 가운데 빛이 있습니다
거울에 자주 비추어 보십시오
거울 속에 또 다른 물음이 있습니다
한 손에 물음
한 손에 거울
묻고
생각하고
비추어보고
그러다 빛을 만나고

묻는 만큼 자기 삶입니다
비추는 만큼 자기 삶입니다

이름, 직업, 생각, 느낌… 그 속에 나는 없어

당신은 누구요? 하고 물으면, 많은 이들이 나는 아무개요, 합니다. 하지만 그건 남들이 그를 부를 때 쓰는 이름에 불과하지 않나요? 그렇다면 나 목사요, 하고 대답하는 건 어떤가요? 그래요. 목사는 직업이고 현재 하고 있는 일이지 나는 아닙니다.

이번엔 몇 가지 질문이 적힌 종이를 연수생들에게 나눠주고 각자 답을 쓰라고 합니다. 살면서 가장 힘들었던 사건은 무엇입니까? 소유물 중에서 가장 소중한 것은 무엇입니까? 가장 감동적으로 기억에 남는 것은 무엇입니까? 가장 하고 싶은 일은 무엇입니까? … 다 쓰고 연필을 놓고 나면 이렇게 묻지요.

그 사건을 힘들다고 생각하는 것이 나입니까?
그 물건을 가장 소중하다고 느끼는 것이 나입니까?
그 일을 가장 감동적이라고 기억하는 것이 나입니까?
그것을 가장 하고 싶어 하는 것이 나입니까?

자세히 잘 보십시오. 종이 위에 쓴 답은 나의 생각과 느낌, 욕구의 소산일 뿐이지 그 자체가 나는 아닙니다. 그런데 많은 이들이 그걸 자기로 알고 살아요. 마치 이름이, 직업이, 재산이 자기인 줄 착각하는 것처럼 말입니다. 이쯤 되면 사람들이 무척 답답해해요.

자기 가슴을 쾅쾅 치면서 '이게 나라니까요!' 하고 강조하는 사람도 생기지요. 혹자는 뇌가 들어 있는 머리를 가리키며 그게 자기라고 우기고요. 하지만 그것 역시 가슴이고 머리일 뿐, 나는 아니지 않습니까?

질문을 바꿔라!

요즘 사람들은 참으로 아는 게 많지요. 우주의 기원이 어떻고 유전자공학이 어떻고, 컴퓨터에 로봇이 이떻고… 잘도 주워 삼킵니다. 혹 궁금한 게 생겨도 인터넷만 켜면 만사 오케이예요. 어쩌나 천재들이 많은지 질문 하나에 댓글이 줄줄 달립니다. 심지어는 신에 대해서도 모르는 게 없어요. 하나님은 이런 분이야! 하고 다들 못을 박지요. 그러고는 서로 자기의 지식이, 자기의 하나님이 옳다고 싸우기까지 합니다. 그런데 말입니다. 그들 중 자기가 누구인지, 지금 어디에 있는지 아는 사람은 과연 얼마나 될까요? 어디서 와서 어디로 가는지 스스로 묻고 탐구해 가는 사람이 얼마나 많겠느냐 이거예요. 제가 보기엔 태반이 모르는 것 같습니다. 거의 소경에 귀머거리 수준이지요. 자기를 못 보고 못 듣는 겁니다. 그러니 이 무슨 역설적인 상황입니까? 그래서야 제아무리 돈과 명예와 권력을 얻는다 한들 삶이 기쁘고 행복하겠습니까? 나를 모르는데 그 삶에 무슨 중심과 의미가 있겠느냐고요.

 그럼 어떻게 해야 나를 알 수 있는지 묻는 이들에게, 우선은 질문부터 바꾸라고 조언하고 싶어요. 돈에 대해, 부동산에 대해, 하나님에 대해, 진리와 깨달음에 대해, 그리고 사랑과 우정과 믿음에 대해 묻기 전에 먼저 '나는 누구인가'를 수백 번, 아니 수천 번 물으라고 말해주고 싶다고요. 그 유명한 소크라테스도 말하지 않았습니까. '너 자신을 알라'고 말이에요. 세상 돌아가는 온갖 것을 다 알면서도 정작 나를 모른다면 그 모든 앎이 진정한 앎이 아니라는 얘기지요. 그러니 이제라도 물으십시오. '나는 누구인가? 어디서 와서 어디로 가는가? 나는 지금 어디에 있는가?' 그 물음이 여러분을 빛으로 인도할 것입니다.

나를 아는 첫걸음

요한복음 18장에는 빌라도가 예수를 심문하는 장면이 묘사돼 있습니다. 빌라도가 묻지요. "진리가 무엇이냐?" 이에 대한 예수의 대답은 말줄임표, 즉 침묵입니다. 그러면 예수는 왜 대답을 하지 않은 걸까요? 제 생각은 이렇습니다. 진리는 무엇이라고 설명할 수 있는 게 아니에요. 그래서 예수 또한 대답하지 않은 거라고 봅니다. 대답해봤자 그건 언어고 단어의 나열일 뿐 그 자체가 진리는 아니니까요. 예를 들어 누가 칠판에 '물'이라는 글자를 씁니다. 그게 정말 물이에요? 아니죠? 목마른 사람이 그것을 마시고 기운을 차릴 수는 없다 이겁니다. 그건 물이라는 글자이지 물이 아니니까요.

'나는 누구인가?'도 마찬가지예요. 남이 설명해 줄 수 있는 게 아닙니다. 더군다나 나를 가장 잘 아는 건 나 자신 아니겠어요? 그러니 그걸 누구에게 물어본단 말입니까? 결론을 말하면 나를 아는 건 지식의 축적으로 되는 게 아닙니다. 바깥의 지식을 끌어들이는 게 아니라는 거지요. 그러면 어떻게 나를 아는 작업을 시작할 수 있을까요?

관찰하면 알게 된다

가장 좋은 방법은 자기를 관찰하는 겁니다. 들여다보면 자기가 누군지 알게 된다는 얘기지요. 이 들여다보는 일엔 특별한 학문적 지식이 필요하지도 않고, 수련장에 가야만 할 수 있는 것도 아닙니다. 그냥 정직하게, 거울을 보듯이 하면 돼요. 이렇게 관찰하다 보면 매사를 알아차릴 수 있지요. 내가 지금 무엇을 하고 있는지, 혹시 나의 언행이 습관적이고 기계적인 것은 아닌지, 나의 생각과 느낌이 사실에 근거한 것인지 아니면 주관에 사로잡힌 것인지….

관찰하면 할수록 내 안에 얼마나 많은 사람들이 살고 있는지가 보입니다. 돈을 위해 내달렸던 성공지향적인 아버지, 해야 할 것과 하지 말아야 할 것을 엄격하게 구분했던 어머니, 말 더듬는다고 혼내던 초등학교 선생님, 어린 내 몸을 더듬던 사촌오빠, 하나님은 벌주시는 분이라며 죄책감을 심어주던 목사님…. 그리고 보니 지금 내가 하는 어떤 말들은 아버지의 말이고 어떤 행동은 어머니의 것이기도 하지요. 또 때로는 기억과 상처가 나를 움직이고 있기도 하고요. 그러니 과거의 경험과 정보와 온갖 입력된 것들이 진짜 나를 대신해서 살고 있는 게 아니고 무엇입니까?

관찰하면 이런 것들이 보입니다. 그래서 슬프고 화나고 괴롭기도 하지요. 그래요. 깨어나는 과정이 늘 즐겁고 기쁜 것만은 아니에요. 자기가 지금껏 알고 있던 것들이, 심지어는 자기 자신마저도 사실이 아니라 환상이고 착각이었다는 현실 앞에서 분하고 당혹스러운 마음이 올라오는 것은 당연합니다. 하지만 이조차도 진짜 나를 알아가는 하나의 과정이지요. 통과의례 같은 것입니다.

생각을 생각하고 느낌을 느끼는 나

자, 그럼 이제는 내 위에 덧씌워진 그 모든 불순물들을 거둬내고 진짜 나를 찾아보기 시작합니다. 먼저 지금 이 순간 떠오르는 생각을 바라보세요. 사물에 대한 것이든 사람에 대한 것이든 상관없습니다. 중요한 것은 떠오른 그 생각을 주시하고 있는 '나'가 있음을 알아차리는 것이지요. 그건 바로 생각을 보고 있는 나입니다. 그러니까 그 나는 생각이 아닌 거지요?

이번엔 느낌 하나를 떠올려 봅니다. 슬픔이든 분노든, 서러움이든 실망감이든 아무것이나 좋아요. 그런 다음 마찬가지로 그 느낌을 바라보고 있는 나를 알아차리십시오. 그것이 바로 느낌이 아닌 느낌을 바라보는 나입니다. 다시 말하면 진짜 나는 생각과 느낌이 아니라 그것을 넘어선 존재라는 것이지요. 생각을 생각하고 느낌을 느낀다는 말입니다.

한 걸음 더 나아가 보지요. 생각과 느낌 너머의 영. 그 현존現存을 알아차리면서 이렇게 소리를 내봅니다. "나는 이 방안에 있다." 그리고 방 안에 있는 물건들을 하나씩 바라보는 나를 알아차립니다. 이 때 중요한 것은 분별도 판단도 하지 말고 그냥 바라보는 것이지요. 시야에 들어오는 바깥의 사물도, 내 안에 일어나는 어떤 의문도 그저 있는 그대로 보는 겁니다. 이게 진정한 관찰이지요. 행위자가 아닌 관조자로 있어 보는 것입니다. 그러다 보면 어느 순간 나라는 존재와 깊게 만나게 되지요. 그 순간에도 그저 관찰하듯 바라보고 분별없이 느끼십시오.

'누구'가 아닌 '무엇'도 아닌

ALP 코스 2단계 〈알아차리기〉 연수에 오면 가장 먼저 '나는 누구인가?'란 화두가 던져집니다.

"태풍 님, 나는 누구입니까?"

—— 나는 나입니다.

"그 나는 누구입니까?"

—— 모르겠는데요.

"모르겠다고 하는 그 나는 누구입니까?"

—— 태풍입니다.

"그럼 별칭을 바람이라고 지으면 바람으로 바뀌겠네요?"

——아닙니다. 그건 별칭일 뿐입니다.

"다시 묻습니다. 태풍 님 나는 누구입니까?"

——나는 아름다운 사람입니다.

"나는 아름다운 사람이라고 어디 되어 있습니까?"

——내 생각입니다.

"그럼 생각이 곧 나입니까?"

——아닙니다.

나 아닌 것을 지우면 남는 것

물음이 이 정도 진척되었을 때 연수생들에게 들려주는 이야기가 있습니다. 의식불명 상태로 병원 중환자실에 누워 있다가 기적적으로 깨어난 어느 여자 집사님에 관한 이야기입니다. 그분이 어느 날 눈을 떠보니 자기도 잘 모르는 어떤 장소에 도착해 있더래요. 가운데 의자가 하나 놓여 있는데, 빛이 너무 강해서 사람은 보이지 않고 희미하게 발 비슷한 것만 보이더랍니다. 그래서 집사님은 '아, 드디어 내가 죽어서 심판을 받으러 왔나 보다.' 하고 생각했답니다. 그런데 그때 의자에 앉은 이가 이렇게 묻더랍니다.

"너는 누구냐?"

── 저는 교회에 다니는 집사입니다.

"저는 네 종교가 무엇이고 교회에서 무슨 직분을 맡고 있는지 묻지 않았다. 나는 네가 누구냐고 물었다."

── 저는 의사의 부인이고 세 아이의 엄마입니다.

"나는 네 남편의 직업이나 자식이 몇 명인가를 묻지 않았다. 나는 네가 누구냐고 물었다."

── 나는 대학을 졸업한 이후로 사회봉사도 열심히 하고 착하게 살려고 노력하는 사람입니다.

"나는 너의 학력이나 사회활동을 묻지 않았다. 또한 착하다느니 악하다느니 하는 너의 판단을 묻지 않았다. 잘 들어라. 나는 네가 누구냐고 묻고 있다."

── 앞에서 말한 모든 것이 제가 아니라면…, 그럼 대체 저는 누구란 말입니까?

"음, 너는 아직 여기 올 때가 안 됐나 보다. 다시 돌아가서 네가 누구인지 알고 난 후에 다시 오너라."

재미로 한 얘기는 아닌 것 같지요? 그래요. 정말 나는 누구인지, 물어야 한다는 겁니다. 한참 동안 묻고 또 묻다 보면 이름과 직업과 직책과, 생각과 느낌과 과거의 경험까지 다 떨어내는 단계에 이릅니다. 앞 장에서 '느티나무는 느티나무라 불리는 그것'임을 관했

듯이, 나는 '김아무개도, 태풍도, 교사도, 한 가정의 아버지도 아닌 그저 나'임을 알게 되지요. 하지만 물음은 여기서 끝나지 않습니다. 나를 경험하기 위해서는 더 나아가야 해요.

"장미 님, 나는 누구입니까?"

── 나는 나입니다.

"박영희입니까?"

── 아닙니다. 그것은 이름입니다.

"여자입니까?"

── 아닙니다. 그건 내가 입고 온 성性입니다.

"그럼 세 아이의 엄마입니까?"

── 아닙니다. 그것은 내 역할 중 하나일 뿐이지 나는 아 닙니다.

"의사 부인입니까?"

── 아닙니다. 남편의 직업이 의사일 뿐입니다.

"그러면 나는 누구입니까?"

── 누구가 아닌 나입니다.

"그 나는 무엇입니까?"

── 무엇이 아닌 나입니다.

그래요. 내가 누구이고 무엇인지 알려면 내가 아닌 것들을 지워

나가면 됩니다. 왜냐하면 진리를 말로 표현할 수 없는 것과 마찬가지로, 나라는 존재 역시 기존의 개념과 지식으로 설명될 수 없기 때문이에요. 그렇게 나 아닌 것들을 부정하고 지워가다 보면 결국 남는 게 뭐예요? 나입니다. 무엇도 아닌, 누구도 아닌 절대 존재로서의 '나'만 남는 것이지요.

내가 곧 도道고 영이고 공이다

깨어난다는 것, 도를 얻어 깨닫는다는 것, 그리고 하나님을 만나고 붓다를 만난다는 것은 결국 참나를 알고 경험한다는 말입니다. 사도 바울이 그 세계를 보고 나서 이렇게 고백하지요. 이제는 내가 사는 게 아니라 내 안의 그리스도가 산다고요. 전자의 나는 에고이지만 후자의 나는 참나입니다. 그게 곧 그리스도고 하나님이고 도고 깨달음이고 영이지요. 무이고 공이고 무한입니다.

그런데 그동안은 어떻게 살아왔어요? 딱지에 불과한 것을 나인 줄 알고 살았지요. 나와 상처를, 지워버리고 싶은 기억을, 부정적인 습관과 생각을, 슬픔과 분노를 나와 동일시하며 살았던 겁니다. 주인인 나의 자리를 종들에게 내어주고 대신 내가 부림을 당한 거라고요. 그러니 삶이 어찌 무겁지 않고 불행하지 않겠어요? 다시는 그런 삶으로 돌아가고 싶지 않지요? 그러면 이제 주인인 나를 잊지 마십시오. 매 순간 그 나를 기억할(Self-remembering) 때 비로소 주인으로, 나로 살게 되는 겁니다.

그 나는 어디에 있는가?

　죄가 있다면 나를 모르는 것이 아닐까 싶습니다. 나를 모를 때, 즉 내가 육체인 줄 알고 생각과 느낌인 줄 알고, 과거의 상처인 줄 알 때 고통이 시작되니까요. 하지만 내가 그 모든 제약과 구속에서 벗어난 존재임을 알면 어때요? 두려울 것이 없습니다. 상처도 없습니다. 물론 기쁘고 즐겁고 슬프고 화나는 감정을 경험하기는 하겠지요. 남을 원망하고 세상을 탓하는 생각도 떠오를 수는 있습니다. 하지만 엄청난 차이가 있어요. 그것과 더 이상 나를 동일시하지 않게 된다는 점입니다. 그러면 어때요? 그것들을 바라볼 수 있지요. 그런 생각과 감정이 잘못됐다는 판단 없이, 마음공부를 해도 이 수준이니 내가 한심하다는 자책감 없이 그냥 관조할 수 있는 겁니다. 높은 산에 올라 발아래 구름이 흘러가는 것을 바라보듯이요.

'보면 사라진다'는 말이 있잖아요. 정말 그렇습니다. 아니, 정확히 말하면 나타나는 것, 떠오르는 것들의 속성 자체가 사라지는 것이라 하겠습니다. 다만 우리가 그것을 알아차리지 못한 채 살고 있을 뿐이지요. 그래서 자기 안에 떠오른 생각과 감정을 계속 붙들고 있는 겁니다. 내게 발생한 일들을 놓지 못하고 계속 물을 주고 싹을 틔워 생명을 연장시키는 겁니다. 이미 사라진 것의 환영을 부여잡고 스스로를 고통 속에 몰아넣는 꼴이라 할까요?

반면 내 안의 생각과 느낌들이, 나에게 발생하는 일들이 내가 아니라 그저 일어났다 사라지는 것임을 알면 만나야 할 때 잘 만나고 보내야 할 때 잘 보내줄 수 있습니다. 슬픔이든 화든 외로움이든, 내가 느낄 만큼 충분히 느끼고 털어버릴 수 있는 겁니다. 더 경험하고 싶으면 좀 더 만나주고, 이제 됐다 싶으면 보내주고. 이런 삶, 이런 세계가 있다는 게 참으로 고맙지 않습니까?

나타남의 세계와 존재함의 세계

하지만 이것으로 끝이 아닙니다. 나에 대해 탐구할 것이 더 남아 있지요. 누구도 아닌, 무엇도 아닌 나. 그러면 그 나는 어디에 있는 것일까요?

"희망 님, 나는 누구입니까?"

—— 나는 누구가 아닌 나입니다.

"그 나는 지금 어디 있습니까?"

—— 나는 지금 여기 있습니다.

"여기가 어디입니까?"

—— 여기는 살림마을입니다.

"그럼 이곳은 어디입니까?"

—— 이곳도 살림마을이죠.

"희망 님은 그러면 지금 여기 이곳에 있습니까?"

—— 예. 여기 이곳에 있습니다.

"여기와 이곳이 같다고 어떻게 확신합니까?"

—— 내 생각에 그렇습니다.

이 지구별은 3차원 세계입니다. 시간과 공간의 지배를 받아요. 과거 현재 미래가 있고 이곳과 저곳이 있습니다. 이 3차원을 현상계라고 해요. 나타남의 세계라는 의미지요. 물질들이 나타났다 사라진다는 의미입니다. 동물, 식물, 광물이 다 그렇죠? 나타났다가 때가 되면 사라지잖아요. 인간도 마찬가집니다. 셀 수 없이 많은 사람이 이 지구별에 나타났다가 사라졌어요. 물론 우리도 그럴 거

「여기 나 없이 있음」

여기 있지만
여기 아닌데 있고
그래서
여기 없지만
언제나 여기 있는 사람
나는 그런 사람

고요. 또 물질, 즉 육체의 영향 아래 있는 생각과 느낌도 어때요? 나타났다가 사라집니다.

반면 3차원 너머의 4차원은 절대계, 즉 나타남이 아닌 존재함의 세계예요. 시공간에 얽매이지 않으니 과거에 이곳에 있었거나 미래에 저곳에 있을 예정이 아닌, 지금 여기 있음의 세계입니다. 물질을 초월해 있기에 보이지도 들리지도 만져지지도 않지요. 무無이고 공空인 겁니다. 그래서 없어요. 즉, 누구도 무엇도 아닌 영으로서의 내가 존재한다는 건 지금 여기 없이 있다는 의미입니다.

오직 지금 여기뿐

자, 눈을 감아 봅니다. 들숨 날숨 알아차리면서 영이고 무이고 공인 나, 없이 있는 나를 느껴봅니다. 과거도 없고 미래도 없는, 시간에서 자유로운 나. 이곳도 저곳도 아닌, 공간에서 자유로운 나. 오직 존재 자체로 존재하는 나…. 다시 물음 갑니다.

"희망 님, 나는 누구입니까?"

── 나는 누구가 아닌 나입니다.

"그 나는 지금 어디 있습니까?"

── 나는 지금 여기에 있습니다.

"여기가 어디입니까?"

── 어디가 아닌 여기입니다.

"여기 이곳에 있습니까?"

── 이곳이 아닌 여기에 있습니다.

"여기에 언제 왔습니까?"

── 온 적 없습니다.

"이곳엔 언제 왔습니까?"

── 00년 0월 00일에 왔습니다.

여러분, 나로부터 누구와 무엇이 떨어져 나갔듯이, 육체와 생각과 느낌이 분리되었듯이, 여기와 이곳이 선연히 갈라지는 것이 보이나요? 시간과 공간에 상관없이 '지금' '여기'에 존재하는 내가 보입니까?

그러면 그 나는 이곳 지구별에 언제 왔을까요? 그래요. 각자 태어난 때, 그때 바로 이곳에 온 겁니다. 정확히 말하면 그때 나타난 거지요. 그럼 여기에는 언제 왔어요? 온 적이 과연 있을까요? 없지요. 여기는 언제 오고간다는 개념이 없는, 시간과 공간의 지배를 받지 않는 절대계니까요. 다시 말해 지금 여기는 시작도 끝도 없는 영원인 겁니다. 기독교로 치면 곧 천국이고 불교로 치면 피안이지요. "하늘나라는 이곳에 있다 저곳에 있다 하지 못하리니 지금 여기에 있다"는 성경 말씀은 정확히 그런 의미로 쓰인 것이에요. 그러니 내가 나로서 지금 여기를 사는 것이 곧 도고 깨달음이고 천국을 사는 것입니다.

20에서 1,000까지
내 의식의 파노라마

지금 우리는 나에 대해 탐구하고 있습니다. 나, 곧 존재고 셀프입니다. 다른 말로 하면 무고 영이고 공이고 도예요. 하나님, 신, 혹은 브라만이라고도 합니다. 이 모든 것은 결국 나를 일컫는 단어이지요. 다만 그것을 탐구하여 발견한 선각자들의 종교적, 학문적 배경에 따라 표현만 달라진 것뿐이에요.

시작은 순수의식, 그러나 지금은 어디에?

이 나는 또한 가장 고차원의 의식, 시공간을 초월하고 생각과 느낌에 의해 물들지 않는 의식이라는 점에서 순수의식(pure consciousness)이라고도 합니다. 데이비드 호킨스David Howkins라고 인간의 의식세계에 대한 뛰어난 통찰력으로 깊이 있는 연구를 진행한 박사가 있는데, 그가 쓴 『의식혁명』이란 책을 보면 인간의 의식에 수치를 매겨서 의식의 진화와 성장과정을 한눈에 볼 수 있게 하는 표가 나와요. 일명 의식지수(혹은 영성지수) 표라고 하지요. 그에 따르면 가장 낮은 수치 20에 해당하는 의식은 수치심이고, 가장 높은 700~1,000에 해당하는 의식이 바로 순수의식입니다.

깨달은 이들이 입을 모아 하는 말이 있습니다. 나의 본래 의식은 순수의식이라는 겁니다. 그러니까 나의 원래 자리는 의식지수 표 가장 높은 곳이라는 거지요. 그런데 살면서 어떻게 되나요? 본래의 나를 잃어버리고 육체를, 생각과 느낌을 나로 알고 살면서 의식지수가 추락하지요. 생각과 감정에게 주인 자리를 내주고 머슴살이를 하면서 수치심, 죄의식, 분노, 교만함 등에 끌려 다니게 되는 겁니다.

여러분이 ALP를 통해 빛을 보고 참나를 경험했다고 하더라도 수시로 자기의 의식이 지금 어느 지점에 있는가를 점검하는 것은 대단히 중요합니다. 왜냐하면 한 번 깨어났다고 해서 깬 의식으로

신에 대한 관점	삶에 대한 관점	수준	수치	감정	과정
참나	있음	깨달음	700~1,000	말로 표현할 수 없는	순수의식
		↑			
전 존재	완벽한	평화	600	지복	비춤
		↑			
하나	완전한	기쁨	540	평온	변형
		↑			
사랑하는	온화한	사랑	500	경의	드러남
		↑			
현명한	의미 있는	이성	400	이해	추상
		↑			
너그러운	조화로운	포용	350	용서	초월
		↑			
영감을 주는	희망적인	자발성	310	낙관주의	의도
		↑			
할 수 있게 해주는	만족스러운	중용	250	신뢰	풀려남
		↑			
허락하는	실행할 수 있는	용기	200	긍정	힘을 얻음
		↓			
무관심한	요구가 많은	자존심	175	경멸	팽창
		↓			
복수심을 품는	적대하는	분노	150	증오	공격
		↓			
부정하는	실망스러운	욕구	125	갈망	노예화
		↓			
벌하는	공포스러운	두려움	100	불안	회피
		↓			
무시하는	비극적인	슬픔	75	후회	낙담
		↓			
유죄를 선고하는	희망 없는	무기력	50	절망	포기
		↓			
보복하는	악	죄의식	30	비난	파괴
		↓			
멸시하는	비참한	수치심	20	치욕	죽임

살 수 있는 것은 아니기 때문이에요. 과거에 형성된 습관과 생각의 패턴은 언제든 나를 잡아끌 준비가 되어 있습니다. 그게 바로 에고의 역할이지요. 그러니 내가 매일, 매 순간 깨어나는 것이 나로 살아가는 유일한 방법이지요. 즉, 내가 지금 어느 의식에 매여 있는지 잘 보고 알아차려야 한다는 말입니다.

죽음에 이르게 하는 '수치심'과 '죄의식'

가장 밑바닥에 자리 잡은 의식지수 20의 수치심과 30의 죄의식은 어린 시절에 성폭행을 당했다거나 부모로부터 학대 받고 버림을 당했다거나 혹은 그에 준하는 어떤 경험으로 인해 깊이 뿌리 내리기 때문에, 이를 치유하지 않으면 그 피해가 평생 계속되는 특징을 보입니다. 이런 의식에 매여 있는 사람은 자존감이 낮아서 일반적으로 수줍음을 잘 타고 우울하며 내성적인 성향을 보이지만, 혹자는 완벽주의와 도덕주의를 내세워 자기를 학대하거나 남을 공격하는 경우도 많습니다. 예를 들어 성의 가치를 올바르게 세운다는 미명 아래 여자들을 죽이는 연쇄살인자나, 죄 지은 이에 대한 무조건적인 단죄를 주장하는 사형제도 옹호자처럼 말이에요. 수치심과 죄의식으로 괴로워하는 이들은 흔히 전 생애를 바쳐서 그것과 싸우려 하거나 아니면 그로부터 도망가려 하지만, 자신의 의식을 변화시키지 않는 한 더 큰 고통을 경험할 뿐입니다.

희망 없는 '무기력', 상실감에 허덕이는 '슬픔'

의식지수 50의 무기력은 현실에 직면할 수 없는 자포자기의 상태라 하겠습니다. 누군가의 도움이 절실히 필요하지만, 정작 무기력의 의식에 지배당한 사람은 도움을 쓸모없는 것으로 여깁니다. 게다가 도움에 의한 외부 에너지 공급이 끊기면 죽음에 이르기도 하지요. 흔히 사회에서 낙오된 이들, 심각한 병으로 고생하는 이들의 의식 수준이 이렇다고 하네요.

의식지수 75의 슬픔에 빠져 있는 사람의 인생도 후회와 낙담과 우울함으로 점철돼 있기는 마찬가지입니다. 어린 시절에 큰 상실감과 비애감을 경험한 사람일수록 슬픔을 마치 삶의 필요악으로 여기고, 모든 일을 슬픔으로 채색해 바라보는 경향이 있다고 하지요. 더군다나 슬픔이라는 의식에 매여 있으면 하나를 잃어도 전체를 잃은 것으로 받아들이기에 만성적인 우울증에 시달리기 쉽습니다.

그럼에도 슬픔의 상태가 무기력의 상태보다 나은 이유는 더 많은 에너지를 지니고 있기 때문입니다. 예를 들어 무기력증 환자가 어떤 충격에 의해 울기 시작하면 치유하기가 훨씬 쉽다고 합니다. 운다는 건 그가 무기력에서 빠져나오고 있다는 조짐과도 같으니까요. ALP 영성 연수프로그램을 안내하다 보면 이런 증세를 보이는 사람들을 많이 만납니다. 그들은 울음을 터뜨림으로써 무기력하고 무감각한 상태에서 벗어나기 시작합니다. 그렇게 슬픔을 느끼고 분노를 표현하면서 조금씩 치유되는 것이죠. 의식지수가 올라가고 있는 것입니다.

개인과 집단을 병들게 하는 '두려움'

의식지수 100의 두려움 수준에 올라서면 그나마 에너지가 좀 활발하게 돕니다. 이를테면 위험한 상황에 처했을 때 두려움의 의식은 건강하게 작동하기도 하지요. 또한 늙는 것에 대한 두려움으로 건강을 돌본다거나 가난에 대한 두려움으로 열심히 일해 돈을 버는 등, 그것은 행동의 근본적인 동기가 되기도 합니다. 하지만 두려움의 의식 수준에 있는 사람들은 세상이 위험과 함정, 위협으로 가득 차 있다고 보기 때문에, 늘 불안하고 억제돼 있고 위축되어 있지요. 그래서 국민을 통제하려는 독재자와 시장을 점유하려는 기업에게 종종 이용되곤 합니다. 종교도 마찬가지죠? 신의 심판과 정죄를 내세워 사람들의 두려움을 자극해 신도를 끌어 들이지 않습니까?

이 두려움의 의식 상태에 매이면 개인의 성장이 막히는 건 둘째치고 사회 전체가 병들기 쉽습니다. 두려움의 확산은 인간의 상상력과 마찬가지로 끝이 없기 때문이지요. 일단 두려움에 사로잡히면 모든 게 공포고 불안의 대상이 되잖아요? 또 전염성이 강해서 엄청나게 빠른 속도로 퍼져나가지요. 더군다나 두려움의 수준에 사는 사람들의 특징 가운데 하나가 그로부터 자신을 구원해 줄 강력한 지도자를 희망하는 것이기 때문에 전체주의를 유발하는 원인이 되곤 합니다.

'욕망'이란 에너지의 꿈틀거림

의식지수 125인 욕망의 수준에서는 더 많은 에너지가 작용합니다. 무엇인가를 얻기 위해서는 그에 필요한 에너지가 동원되는 법이니까요. 경제적, 성적 욕구를 비롯하여 다양한 욕망이 인간의 행위를 불러일으키고 발전시키는 원동력으로 인식되는 것은 바로 이 때문이지요. 하지만 욕망은 또한 필연적으로 집착과 경쟁을 동반합니다. 탐욕으로 치닫기도 쉽지요. 그래서 처음엔 가치 있는 인생을 위해 필요한 어떤 것을 얻기 위해 욕망을 도구로 활용하지만, 점차 애초의 목표와는 상관없이 욕망 자체에 사로잡히기 일쑤입니다. 말하자면 원초적인 수준의 욕망의 노예가 되어 더 이상의 성장이 불가능해지는 것이지요.

152

건설과 파괴의 두 얼굴을 지닌 '분노'

의식지수 150의 분노는 어떻게 활용하느냐에 따라 파괴적일 수도 있고 건설적일 수도 있습니다. 무기력과 슬픔에서 벗어나 두려움을 극복하고 뭔가를 욕망하게 된 이들이 흔히 이 분노의 단계를 밟아 가는데, 이는 욕망이 좌절감을 초래하고 좌절감이 분노를 유발하기 때문이지요. 그래서 이 수준에서는 투쟁이 종종 일어나고, 그것을 통해 개인이 권리를 획득하거나 더 나아가 중요한 사회 변혁을 이룰 수 있습니다. 그러나 분노는 폭발적인 에너지를 지닌 만큼 위험하기도 하지요. 사소한 일에 화를 내고 싸움을 일삼아 타인에게 피해를 주는 것은 물론, 복수심에 살인을 하는 등 극단적인 결과를 낳을 수도 있습니다.

에고의 산물이자 에고를 키우는 '자존심'

의식지수 175로 측정되는 자존심은 이보다 낮은 에너지 장에 있는 의식에 비해 훨씬 긍정적입니다. 수치심과 죄의식, 두려움을 떨치고 일어나 계속해서 살아나갈 수 있는 버팀목 역할을 하지요. 이런 예는 빈민가에서 태어나 폭력적인 부모에게 학대 받으며 살다가 이른바 자수성가하여 일정한 지위에 오른 이들에게서 자주 발견됩니다. 그들에게 자존심이란 삶을 획기적으로 변화시켜 준 덕목이 아닐 수 없습니다. 그러나 자존심이 의식지수 200을 밑도는 이유는, 그것이 언제든 외부 조건에 의해 더 낮은 수준의 의식으로 추락할 수 있기 때문입니다. 예를 들어 자존심은 비난에 약하고 상처를 잘 받기 때문에 아주 쉽게 수치심의 수준으로 떨어질 수 있지요. 또한 자존심은 에고를 강화시켜 갈등과 충돌과 분열을 조장하는 원인이 되고, 나아가 사회적으로 확대되면 전쟁과 같은 큰 화를 부를 수도 있습니다.

'용기'를 기준으로 윗동네와 아랫동네를 나누다

의식지수 200 미만에 해당하는 의식의 장에서 공통적으로 나타나는 특징은 바로 생명에 대한 반응이 희박하고 생명 에너지가 부족하다는 것입니다. 반면 200인 용기에서부터는 생명력이 분출하기 시작하지요. 그래서 이 용기를 기준으로, 하급 의식이 모여 있는 아랫동네와 고급 의식이 모여 있는 윗동네를 나눕니다. 말하자면 최소한 용기 수준에는 도달해야 비로소 무엇인가를 할 수 있는 긍정적인 힘을 갖게 된다는 거지요. 실제로 이 의식을 획득하면 더 이상 세상이 무섭고 슬프거나, 싸워야 할 대상으로 보이는 것이 아니라 흥미롭고 도전해 볼 가치가 있는 어떤 것이 됩니다. 그래서

154

더 나은 것을 위해 결단하고 도전하고 인내함으로써 성취의 기반을 마련하지요. 그 과정에서 물론 여러 가지 장애물을 만납니다만, 200 미만의 사람들이 장애에 쉽게 굴복하고 좌절하는 데 반해, 용기 수준에서 사는 이들은 오히려 그것을 자극제로 삼아 더 높이 도약할 수 있는 가능성을 보여줍니다.

유연한 삶의 태도를 보여주는 '중용'

의식지수 250의 중용이 매우 긍정적인 에너지인 이유는 그보다 낮은 수준의 의식이 드러내는 편파적인 관점과 태도에서 해방된 유연성을 보여주기 때문입니다. 중용에 이를 때 우리는 비로소 흑백논리와 이원성의 관점, 그로부터 비롯되는 대립과 분열에서 벗어나 문제를 지혜롭게 해결할 수 있는 능력을 가지게 됩니다. 또한 이 의식은 자기 자신에 대한 진정한 신뢰감과 정서적인 안정감을 바탕으로 하기에, 자기의 능력을 증명하는 데 안달하거나 일이 마음대로 되지 않는다고 낙담하거나 하지 않습니다. 남을 비난하지도, 경쟁에 매이지도 않고요. 그래서 이 중용의 의식을 영성 생활의 진정한 출발점이라고도 합니다.

'자발성'에 근거해 더 높은 의식으로

의식지수 310의 자발성은 우주가 하는 모든 일에 저항감 없이 참여하는 마음과 열린 태도로서, 더 높은 의식에 이르기 위한 관문이자 도약대라 할 수 있습니다. 중용의 수준에서는 모든 게 잘 굴러가는 정도로 그치지만, 이 자발성의 수준에 오르면 자기가 원하는 일을 성공적으로 이뤄내지요. 사회 경제적인 영역은 물론이고 영적인 면에서도 빠른 성장을 보여주는 것이 바로 이 수준에서 사는 이들의 특징입니다. 하지만 의식지수 175의 자존심을 극복한 상태이기에 자신의 결점을 바라보고 다른 이들로부터 배우는 데도 열심이지요. 어려운 일을 겪을 때조차도 마음만 먹으면 무슨 일이든 할 수 있다는 것을 스스로 알기에 수치심과 열등감 같은 게 끼어들 여지가 없고요. 또한 자발성은 다른 사람의 필요에 기꺼이 부응하는 마음이기도 하기에, 남을 돕고 공공선을 발전시키는 등 사회적인 기여도가 높은 훌륭한 자원이라고 할 수 있습니다.

있는 그대로 '포용'하는 능력

의식지수 350의 포용에 이르면 나 자신이 인생의 모든 경험을 창조한다는 것을 사실로서 받아들입니다. 다시 말해 행복은 내 안에 있다는 깨달음과 삶에 대한 진정한 책임감으로 충만해지는 단계인 것이죠. 이는 의식지수 200 이하의 사람들이 흔히 자기 삶의 불행이 남 때문이라 원망하고 운명을 탓하는 것과는 정반대의 태도라 하겠습니다. 이런 특성 때문에 포용을 무저항으로 보기도 하는데 결코 그렇지 않습니다. 무저항이 자포자기나 무기력에 가깝다면 포용은 어떤 것이든 특정한 방향으로 억지로 끌어가려고 하지 않는 태도이지요. 이런 태도는 더 이상 오해와 왜곡 없이 사물을 있는 그대로 볼 수 있는 능력에서 발현되는 것으로, 삶의 모든 부정적인 감정과 편협하고 극단적인 관점을 초월합니다. 그만큼 다양성과 평등의 가치에 열려 있기에, 누구보다도 합리적이고 유연한 문제 해결 능력을 보여주기도 합니다.

'이성'을 통해 과학의 최고봉에 이르다

하위 수준의 감정에서 완전히 벗어나 의식지수 400에 이르면 지성과 이성이 삶의 전면에 떠오릅니다. 광범위하고 복잡한 정보를 처리하는 능력과 정확한 판단력, 추상적인 개념에 대한 이해력 등이 이 단계의 사람들에게서 발견되는 특성으로, 아인슈타인과 같은 노벨상 수상자나 프로이드 등 역사적으로 유명한 사람들이 다수 이 단계에 속해 있다고 합니다. 하지만 본질에 대한 통찰력과 복잡한 상징에 대한 이해력이 부족하다는 점은 이성의 한계로 종종 지적되며, 따라서 궁극적인 진리에 도달하기 위해서는 이성에 머무는 것이 아니라 그 너머의 높은 의식세계로 나가야 한다는 점이 강조되고 있습니다.

0.4%에게만 허용된 조건 없는 '사랑'

세상에서 말하는 사랑은 흔히 육체적 매력, 소유욕과 집착, 성에 대한 탐닉, 충동과 의존 등의 감정과 결합되어 있습니다. 그 결과 사랑의 콩깍지가 벗겨지면 곧바로 미움이나 원망으로 변하고 말지요. 반면 의식지수 500에 해당하는 사랑은 조건 없는, 영원한, 아가페Agape적인 사랑입니다. 전자의 사랑이 표면의식과 에고에서 나오는 거라면 후자의 사랑은 존재의 근원인 가슴에서 샘솟는 것이라 하겠습니다. 아니, 존재 자체가 사랑이라는 말이 더 정확할 것입니다. 이 수준에 이르면 자기 자신은 물론 남들의 생명력까지 고양시키지요. 또한 이성이 문제를 일일이 따지고 분석하는 데 반해, 사랑은 전체를 다루면서 핵심을 꿰뚫는 직관의 힘을 발휘합니다. 자기 인식을 확장시켜 나와 너의 경계가 희미해지는 것도 이 단계에서 드러나는 특징입니다. 영성가들은 이 수준에 도달할 때만이 진정한 행복을 누릴 수 있다고 강조합니다. 그만큼 사랑이 쉽게 획득되는 의식은 아님을 방증하는 것이겠지요. 모든 사람이 그처럼 사랑이라는 주제에 매혹 당함에도 불구하고 불과 세계 인구의 0.4%만이 이러한 수준의 의식 세계에 도달한다는 사실 또한 사랑의 위대함을 역설적으로 보여준다고 하겠습니다.

아, 끝없이 솟아나는 '기쁨'이여

사랑 다음은 기쁨입니다. 의식지수 540이네요. 조건 없이 사랑하게 되면 내면에 순수한 기쁨이 차오릅니다. 이 수준에서 누리는 기쁨이란 일시적이고 갑작스러운 감정이 아닌, 존재하는 매 순간 솟구치고 모든 활동에 수반되는 항구적인 것이지요. 이 수준 이상은 성인과 영적 치유자, 그리고 그들 제자의 영역으로 알려져 있습니다. 그들은 어떤 역경 속에서도 인내와 긍정적인 마음을 잃지 않고, 나아가 사랑과 자비, 평화를 널리 전하는 능력이 있기에 타인을 치유하고 영적 성장의 길로 안내해 줄 수 있습니다. 또한 책임감이 남달라 자신의 능력을 생명 자체의 유익을 위해 쓰려는 강한 욕구를 느낀다고 하네요. 흔히 신성과 합일되는 경지에 이르기도 하는 이 단계에서는 보통사람의 눈에는 기적으로 보이는 일들도 종종 일어나지만, 그것을 한 개인의 초능력으로 볼 것이 아니라 기쁨의 에너지장이 지닌 잠재력이 발현된 것으로 이해할 것을 강조하고 있기도 합니다.

초월의 영감을 일으키는 '평화'

의식지수 600인 평화는 진정한 자아실현과 초월, 신 의식 등과
연관되는 에너지로 알려져 있습니다. 이 에너지장의 특징은 주관
과 객관의 차이가 사라지고 특정한 관점이 더 이상 존재하지 않는
것입니다. 시공간을 비롯해 개념과 지식을 초월해 있는 것이지요.
천만 명의 한 명만 이 수준에 이른다고 하는데, 그들 중 대부분은
세상일과 거리를 두고 지복의 상태를 누리며 자신만의 특별한 방
식으로 살아간다고 합니다. 하지만 혹자는 영적 지도자가 되어 인
류 의식의 진화를 위해 일하기도 하고, 아주 드물게는 어떤 분야에
서 천재성을 발휘하여 사회에 커다란 공헌을 하기도 한다네요. 어
떤 경우든 이들은 기존 종교의 형식과 한계를 넘어서 성인聖人의
반열에 드는, 순수한 영성가라 할 것입니다. 한편 미술, 음악, 건축
등의 분야에서 탄생한 예술 작품 중에도 영성지수 600 이상으로
측정되는 것이 있는데, 그것들은 인간의 의식을 더 높은 차원으로
이끌어 주며 초월의 영감을 불러일으키는 원천이 된다고 합니다.

빛으로 오는 '깨달음'

마지막으로 의식지수 700에서 1,000에 이르는 순수의식, 즉 깨달음입니다. 이 에너지장에서는 에고가 완전히 소멸하여 신성과 동일시됩니다. 따라서 시공간에 의해, 개성에 의해, 이원성에 의해 분리됨 없이 모두가 하나(oneness)입니다. 이러한 의식은 인간의 몸을 입고 도달할 수 있는 최고의 단계로, 이 수준에 이른 사람은 인류의 영적 진화를 선도하는 빛의 존재라 할 수 있습니다.

내 안의 빛을 드러내라

우리 모두는 원래 의식지수 1,000인 순수의식, 깨달음이지요. 그것을 모르고 살아갈 수는 있지만, 그렇다고 해서 내 안의 빛이 사라지는 것은 아닙니다. 예수도 우리에게 "너희는 세상의 빛이라"고 말하지 않았습니까? 붓다 역시 "모두에게 불성이 있다"고 했고요. 그래요. 우리 안엔 빛이, 생명이, 사랑이 있습니다. 아니, 우리 자체가 빛이고 생명이고 사랑이에요. 다만 수치심과 죄의식, 분노와 자존심에 막혀서 그것들이 드러나고 있지 않을 뿐입니다. 의식변화프로그램이 필요한 이유는 이 때문이지요. 나를 감싸고 있는 어둠의 요소들을 알아차리고 그것으로부터 깨어 나오는 작업이 바로 ALP인 것입니다. 그러면 작은 구멍으로 빛이 새어나오듯, 본래의 내가 조금씩 드러나기 시작하지요. 그리하여 마침내 빛으로 흐르게 되는 겁니다.

집을 나가봐야 다시 돌아온다

나라는 존재, 즉 지금 여기 없이 있는 내가 이곳 지구별에 나타났다는 건 대단한 사건입니다. 순수하게 4차원적인 의식이 생각과 느낌이라는 주머니가 달린 육체의 옷을 입고 3차원인 물질의 세계에 떨어진 것이지요. 그렇게 현상계에 나타나는 순간 우리의 의식은 백지 상태가 됩니다. 쉽게 말하면 나라는 존재에 대한 정보가 삭제된 채 이 지구별에 오는 것이죠. 그러고 보니 인간이 왜 그런 상태로 지구에 오는지 궁금하지 않습니까? 그렇잖아요. 만약 존재에 대한 정보가 그대로 살아 있는 채 이곳에 온다면, 즉 모두가 자기 자신이 영임을 알고 육체를 초월한 의식으로 산다면 전쟁이니

타인과의 갈등이니 하는 것도 없을 테니까요. 또 다들 완전한 자유와 행복을 누릴 것이고 말이에요. 아니, 자유와 행복이라는 관념 자체가 무의미할 겁니다. 그러니 영적인 스승을 만나고 지혜의 책을 읽어야 할 필요도 없겠지요. 내적 치유니 과거 탐사니 하는 건 말할 필요도 없고요.

지구별, 경험과 배움의 무대

그런데 말입니다. 만약 신이 있어 인간을 그런 상태로 내려 보냈다면, 거기엔 어떤 의미가 숨어 있지 않을까요? 원래 순수의식 자체인 영에게 몸을 입혔다면, 그러고는 지구별이라는 무대를 만들어 그리로 내려 보냈다면 말입니다.

이쯤에서 성경에 나오는 집 나갔다 돌아온 아들에 대한 이야기를 할까 합니다. 어느 아버지에게 두 아들이 있습니다. 큰아들은 집에만 있어요. 모험도 모르고 개척도 모릅니다. 그러니 재미는 좀 없을지언정 별 탈 없이 잘 살지요. 다만 집을 나가본 적이 없고 아버지 품을 떠나 본 적이 없기에, 집도 아버지도 모릅니다. 반면 둘째아들은 어느 날 집을 나가요. 가진 돈을 펑펑 쓰면서 방탕한 생활을 합니다. 그러다 결국은 거지가 돼요. 하지만 그 과정을 통해 집이 뭐고 아버지가 무엇인지 깨닫고는 다시 아버지에게로 돌아갑

164

니다.

자, 이 이야기의 핵심은 뭘까요? 우리 인간이 지구별에 온 목적을 이보다 더 잘 설명해 주는 예가 없는 것 같아요. 그냥 절대계에 영으로 머물러서는 그것으로 끝납니다. 신이, 우주가 만든 이 엄청난 물질계의 아름다움을 느끼고 경험할 방법이 없어요. 그래서 자유하고 행복할지는 모르나, 그게 자유와 행복이라는 것조차 의식하지 못하겠지요. 자유와 행복 아닌 것을 경험해 보지 못했으니까요. 바깥으로 나가본 적이 없어 집도, 아버지도 모른 채 사는 큰아들과 같은 겁니다.

하지만 잠시 영의 세계를 벗어나 옷을 입고 지구별이라는 물질계로 내려오면 어때요? 온갖 것을 경험하게 됩니다. 부모의 조건 없는 보살핌, 친구와 나누는 우정, 남녀 간의 사랑 같은 달콤한 것도 경험하지만, 배신과 갈등, 충돌, 폭력, 실패도 경험해요. 그 과정에서 좌절에 휩싸이고 고통을 겪으면서 의식지수의 아랫동네를 헤매게 되는 거지요. 안전하고 풍요로운 집을 떠나 세상 온갖 유혹에 휘둘리고 욕망에 휩싸이며 죄 짓고 방황한 둘째아들처럼 말이에요.

그래요. 이곳 지구별은 경험하러 오는 곳입니다. 아버지의 집을 떠나 맘껏 경험해 보라고 우주가 보내주는 거라고요. 그러니 현재 가족 간의 관계라든지 직장 생활이 어렵고 힘들어도 좌절할 필요 없습니다. 아무리 훌륭한 야구선수라 해도 늘 홈런만 칠 수는 없

「거듭나기」

육으로 난 것은 육이요
영으로 난 것은 영이다
아래에서 나온 것은 아래로 돌아가며
위에서 온 것은 위로 돌아간다

나는 위에서 온 빛나는 존재
생명이고 부활이며 사랑인 존재

그러므로 어머니가 낳은 나는 내가 아니다
어머니 배 속이 아닌

는 것 아니겠습니까? 고난 없이 얻는 것은 없으니 현재의 고통이
다 나를 찾고 나로 살기 위한 밑거름이라고 생각하세요. 둘째아들
이 마침내 아버지가 계신 집으로 돌아가듯이 나로 돌아가는 여정
이라고 여기라고요. 여기서 아버지 계신 집이란 바로 참된 '나', 곧
존재지요? 그러니까 결론은 경험을 통해 배우고 깨달아서 다시 집
으로 돌아가야 한다는 겁니다. 내가 영의 존재임을 알고 그리로 회
귀해야 한다고요. 그렇지 못하면 어떻게 될까요? 아마도 고통스런

나를 통해 탄생한 내가 진짜 나며
어머니 자궁이 아닌
내 자궁으로 낳은 날이 진짜 생일이다

지구에 사람으로 와서 할 일이 있다면
내가 나를 낳음으로 거듭나고 깨어나는 것

이것이 본업이고 나머지는 다 부업이니
거듭나지 못하고 깨어나지 못하면
사람이되 사람이 아니다

경험이 계속되겠지요. 나의 본성을 깨달을 때까지 우주가 계속 경험시킬 겁니다.

잃어 버렸으니 찾는 일만 남아

아담과 하와가 선악과 따 먹은 이야기도 비슷한 메시지를 전해

줍니다. 아담과 하와는 선악과를 따 먹고 비로소 판단과 분별의 눈이 열리지요. 옳고 그름도, 싫고 좋음도, 추하고 아름다움도 없는 절대계에서 상대계로 떨어진 거라고요. 이를 죄라고 하면 죄이나, 사실은 이런 죄를 지음으로써 자기 존재를 스스로 깨달을 수 있는 가능성이 열리는 겁니다. 세상 경험을 통해 그 너머의 절대계로 다시 돌아갈 수 있었던 둘째아들처럼 말이에요.

여러분, 이것은 인간에게만 주어진 엄청난 특혜요, 은총입니다. 나를 잃어버려서 헤매고 다니는 동물 본 적 있나요? 나를 찾아 나선 식물 본 적이 있습니까? 그래요. 오직 인간만 나를 잃어버리고 나를 찾을 수 있습니다. 다른 것은 선악과를 먹어본 적도, 집을 나가본 적도 없기 때문에 다시 찾고 말고 할 게 없어요. 자기에 대한 의식이 없거나, 있다 해도 본능적인 수준에 머무는 거지요.

나를 잃은 적이 없다는 것은 곧 나를 모른다는 말과 같습니다. 그런데 우리 인간은 다행히도 존재에 대한 것을 까맣게 잊어버린 채 이곳 지구별에 왔잖아요. 그러니 해야 할 게 있다면 그게 뭡니까? 나를 찾는 거지요. 자기 자신에게 돌아가는 길, 아버지에게로 돌아가는 길, 그 길을 걷는 게 우리에게 남은 유일한 길입니다.

스물일곱

세상 중력에서 벗어나
하늘 은총으로

살면서 우리가 곱씹어야 할 단어가 있습니다. 하나는 '중력'이
고, 다른 하나는 '은총'입니다. 중력은 아래로 끌어당기는 세상의
힘이자 법칙인 반면, 은총은 위로 올려주는 하늘의 힘이고 법칙이
지요. 우리가 이 세상에 온 것 자체가 중력의 힘에 의해 온 것이므
로, 살면서 그 영향을 받는 것은 지극히 당연합니다. 다시 말해 일
반적인 수준에서는 몸과 마음, 생각과 느낌에 이끌리게 되어 있다
는 것이죠. 하지만 우리는 본래 하늘의 존재이지 않습니까? 육체肉
體가 아닌 영체靈體잖아요?

이처럼 더 깊은 차원에서 보면 우리 인간은 하늘의 힘과 법칙에

169

순응하는 것이 자연스럽습니다. 중력을 거슬러 하늘로 오를 수 있는 잠재력과 가능성이 우리 안에 충분하다는 거지요. 그 잠재력과 가능성이 현실로 드러나기 위해서는 물론 어느 정도의 고통이 필요합니다. 고체와 액체가 압력과 열을 받아야 기체가 되어 하늘로 오르는 것처럼 말이에요. 여기서 압력과 열이 바로 고난이고 고통이지요. 중력의 법칙대로 사는 것이 얼마나 고통스러운지 스스로 느끼고 자각할 때, 다시 말해 충분한 압력과 열을 받았을 때 비로소 은총의 길을 선택한다는 겁니다.

무엇도 어찌 할 수 없는 나

중력에서 벗어나 하늘로 오르는 기분을, 여러분은 ALP에서 경험하지요. 1단계 AOS 3.6 깨어나기 연수프로그램에서는 화날 일이 없고 싫은 것이 없으며 나쁜 사람이 없다는 사실의 세계로 진입해, 그동안 내 삶을 밑으로 끌어내리던 생각의 틀, 부정적인 감정의 힘, 무의식중에 입력된 정보에서 벗어나는 시원함을 맛봅니다. 사실을 사실 그대로 볼 줄 아는 눈을 회복하는 것이죠. 그러면 프로그래밍 된 로봇처럼 조종당하던 삶에서 깨어나 내가 생각과 느낌을 결정하고 선택해서 쓸 수 있는 삶, 내 운명을 창조하는 삶을 살게 됩니다. 화를 부려 창조 에너지로 변형시키고 성 에너지를 다루어 사랑으로 승화시켜 풍성하고 아름다운 삶을 누리게 되지요. 그러고 보면 깨어난다는 것은 늘 행복하고 자유로울 수 있는 고도의 기술, 즉 삶의 하이테크가 아닐 수 없습니다.

그다음 2단계 AOS 4.0 알아차리기에서는 한 걸음 더 나아가지요. 내가 영적인 존재 자체임을, '셀프'이고 '도'이고 '무'이고 '공'이고 깨달음이고 그리스도인 것을 알아 사실 너머의 영성 세계로 들어갑니다. 누구도 아니고 무엇도 아닌 나. 어디가 아닌 여기. 과거도 미래도 없는 지금. 그래요. 이름과 얼굴과 성과 직업도, 상처받고 화낸 적도, 기뻐하거나 눈물 흘린 적도, 성공과 실패도, 이루어야 할 꿈과 계획도 없이, 그래서 여기나없이있음으로 충만해지는 단계로 올라서는 겁니다. 본래의 순수의식, 의식지수 1,000의 깨달음 상태를 회복하는 거지요.

이처럼 '화가 날 일입니까?'와 '나는 누구인가?' 이 두 가지 물음을 훈련하는 것만으로도 우리는 그동안 이중 삼중으로 끼어 입고 있던 껍질을 벗습니다. 세상 중력에서 벗어나 하늘의 기운을 받고 은총을 누리는 거예요. 세상 그 무엇도 나를 어찌할 수 없는 상태가 되는 거지요. 내 안에서 샘솟는 영원한 행복과 자유의 물을 마시면 그뿐인 겁니다.

날마다 '셀프 리멤버링'

하지만 살다 보면 종종 나를 잊습니다. 그래서 다시 이름표에 얽매이고 생각과 감정에 휘둘리게 되지요. 거짓 에고와 타인과 사회에 자기의 운명을 맡기는 꼴입니다. 이렇게 안 되려면 무엇보다 나를 기억해야 해요. 바로 셀프 리멤버링Self Remembering입니다.

ALP에서 '나는 누구인가?' 물음을 끝내고 난 뒤에 주는 'ALP 넘버'는 셀프 리멤버링을 위한 것입니다. 아침햇살 저의 넘버는 ALP 17-940324400예요. 이는 1994년 3월 24일에 아침햇살이 나라는 존재를 되찾고 다시 빛을 보았다는 것을 의미합니다. 그러니까 한마디로 이 날이 아침햇살의 진짜 탄생일이라는 거지요. 엄마 자궁 속에서 나온 날은 뭐냐고요? 그건 그저 지구별을 방문한 날일 뿐입니다. 이곳에 온 날이지 여기없이있음의 나를 사실로서 자각한 날이 아니라고요. 그러니 내가 부활이고 생명인 것에 눈뜬(견성見性) 날, 즉 내가 나를 낳은 날을 진짜 생일로 기억해야 한다 이겁니다.

여러분, 각자 자신의 진짜 탄생일을 기억하세요. 그러면 그날의 감동과 떨림이 그대로 느껴지면서 다시 존재, 나의 자리로 돌아와 굳건히 발 디딜 수 있을 것입니다. 한 번 기억하고 끝내는 게 아니지요. 날마다 기억해야 합니다. 수백 번, 수천 번을 기억해야 다시는 영영 나를 잃지 않을 테니까요. 늘 함께하는 나를 두고 다른 데 가서 헤매지 않을 테니까요.

빛을 보았으니 그 빛을 비추라

그렇다고 나를 자주 잃어버리는 자기 자신을 책망하지는 마십시오. 셀프 리멤버링이 잘 안 된다고 좌절하거나 포기하지도 마세요. 어차피 삶은 그런 과정을 거치며 완성되는 것이니 말입니다. 연을 띄워 본 분들은 알 거예요. 하늘 높이 연을 올리는 데는 반드시 줄이 필요하다는 것을요. 연줄 없이 그냥 연을 바람에 날리면 하늘 높이 날아갈 것 같지요? 그런데 안 그래요. 오히려 금세 땅바닥에 떨어지고 맙니다. 반면 연을 띄워 줄로 풀고 당기면서 조정하다 보면 어느새 연이 하늘 높이 떠 있지요. 연줄을 끊어야 할 시점은 바로 그때예요. 그때 줄을 놓거나 놔주면 연이 산을 넘고 강 건너 멀리까지 날아갑니다.

우리네 인생도 이 연과 같지 않을까 싶어요. 오르기 위해서는 먼저 중력이라는 땅의 법칙에 매이는 게 필요하다는 얘기예요. 사실은 그래서 우리가 이 지구별에 온 겁니다. 몸을 입고 세상에서 살아보라고, 그 속에서 압력도 받고 열도 받아 보라고 우주가 기회를 준 거라고요. 그래서 각자가 자기에게 가장 적합한 때와 장소를 골라 이 땅에 내려온 거라고요. 그러고 보니 어때요? 내가 나 되기 위해서는 그때 그 경험이 필요했고 지금 이 경험이 필요한 거지요? 나를 잃어버리고 방황하고 헤매는 것도 다 필요해서 일어나는 일입니다. 필요해서 내게 오는 것이라고요. 그러니 모든 게 감사하고 또 감사할 뿐입니다.

　나라는 존재를 알고 화낼 일이 없다는 것을 알면 두려울 게 없어요. 도전하지 못할 일이 없습니다. 그래서 깨어난 사람은 실수도, 모험도 꺼리지 않는 겁니다. 오히려 남 눈치 안 보고, 더 열심히 신명나게 자기가 하고 싶은 것 맘대로 하면서 살지요. 결국은 이 지구별에서 해야 할 일이 그것임을 알기 때문입니다. 중력의 법칙에 매이지는 않되, 하늘이 준 기회를 맘껏 누리는 삶. 하늘의 은총을 누리며 세상을 활보하는 삶. 어때요, 멋지지 않습니까?

　존재를 경험한 여러분은 이미 자기 안의 빛을 본 사람입니다. 그러니 세상을 향해 그 빛을 아낌없이 비추세요. 사랑하고 용서하십시오. 칭찬하고 웃어주세요. 미안하다 말하고 고맙다고 표현하세요. 산에 올라 욕을 하면 나에게도 욕이 돌아오지만, 사랑해 소리치면 나에게도 역시 그 말이 돌아옵니다. 모든 것이 나로부터 시작되어 나에게로 돌아오지요. 지구별 여행 자체가 그래요. 나라는 존재에서 시작되어 다시 그 존재로, 집으로 돌아오는 겁니다.

나는 내 삶의 이야기를 쓰는 작가
나는 내 삶의 오케스트라를 이끄는 지휘자
나는 내 삶을 연출하는 감독
나는 내 삶을 새기고 다듬는 조각가
나는 내 삶의 노래를 만드는 작곡가
나는 내 삶을 설계하고 세우는 건축가
나는 내 삶을 꾸미는 디자이너
  ·
  ·
  ·

우리 모두는
자기의 삶을 작품으로 만드는 예술가
세상은
그 모든 삶의 작품을 보여 주는 전시장

3장

4차원에서 다시 3.3차원으로
_나 되어가는 삶의 여행

잘 듣고, 잘 보고

영성은 깨어남입니다. 환상과 착각과 거짓의 껍질을 깨고 나오는 것이지요. 문제를 만들어 내는 생각과 감정으로 인한 고통에서 해방되기 위해, 생각 밖으로 감정 밖으로 나오는 겁니다. 그래서 깨어나는 프로그램은 단지 그간의 아픔을 공감해 주고 위로하고 격려하는 차원에서 그치지 않습니다. 물론 공감과 위로도 필요하고 또 거기서 출발해야 하는 것은 옳지만, 그것으로 그쳐서는 변화가 일어나지 않는다는 것이죠. 진정한 변화는 거기서 더 나아가 그동안 피하고 접어 두었던 자기의 상처를 꺼내어 충분히 경험해 줘야. 그리고 그 상처로부터 생각하고 느끼던 기존의 패턴을 바로 보고 들을 때라야 비로소 시작됩니다. 고통이 따르더라도 스스로 해야만 하는 작업인 거지요. 그래야 엑서더스Exodus, 즉 출애굽 할 수 있는 겁니다. 이스라엘 백성이 출애굽 했다고 내가 빛을 보는 건 아니에요. 예수가 십자가 지고 부활했다고 우리가 구원 받는 건 아니라는 말이지요. 변화하려면 내가 출애굽을 하고, 내가 십자가를 지고, 마침내 내가 부활해야 하는 겁니다.

들음에서 시작되는 변화

변화는 들음에서 시작됩니다. 이 얘기를 하면 대개 코웃음을 치지요. 귀 있는데 누가 못 듣느냐 이겁니다. 그래요. 깨어나기 전에는 다들 그렇게 여깁니다. 자기 생각대로, 원하는 대로 들으면서 들었다고 착각하는 거예요. 일례로 깨어나기 프로그램 중에 아침 햇살이 "몇 살입니까?" 하고 물으면 "말띠입니다"라는 대답이 돌아오지요. "월급은 얼마나 받습니까?" 물으면 "좀 받습니다." 하고요. "그 옷 새로 사셨어요? 보기 좋네요." 하면 "비싼 거예요"라고 대답해요. 무슨 코미디도 아니고 우습지 않습니까? 그런데 다들 이렇게 듣고 대답하며 살고 있다는 겁니다.

듣지 않는 이유는 변화가 두렵기 때문이지요. 생각 밖으로 나가는 것이 무서워서 그러는 거예요. 그러면서도 한편으로는 자유롭고 행복하게 살고 싶어 하지요. 잘 들어서 변화를 해야 행복해지고 자유로워지는데, 변화는 거부하면서 행복하게 살고 싶다고만 하는 겁니다. 이런 사람을 뭐라 그래요? '싶어교' 신자라 하지요. 싶다, 싶다 하지만 정작 행동으로 옮기지는 않아요. 그러니 불행에서 빠져 나올 수가 없는 겁니다.

자, 그러면 이제부터 잘 듣는 비결에 대해 알려드리겠습니다.

그 첫째는 자기가 제대로 듣지 않고 있으며, 또 듣고 싶어 하지도 않는다는 사실을 인정하는 것입니다.

부인이 회사 갈 시간이라며 남편을 깨웁니다. 안 일어나지요. 계속된 야근에 간밤에 마신 술에, 몸이 피곤해서 일어나기가 싫은 겁니다. 안 되겠다 싶어 부인이 남편 몸을 흔들면서 지금 안 일어나면 회사에 늦는다고 성화를 해요. 그러면 어때요? 남편이 에이 씨 하고 성질을 부리면서 일어나지요. 그 시간에 일어나지 않으면 회사에 늦는다는 부인의 말을 사실로 받아들이고 일어나면 아무 문제가 없는데, 그 말을 안 듣고 단지 피곤해서 일어나기 싫다는 자신의 생각과 느낌에 사로잡혀 있기 때문에 화가 나는 겁니다. 이런 패턴이 반복되다 보면 아침에 일어나는 게, 부인이 자꾸 일어나라고 깨우는 게 '화날 일'이 되는 거지요.

얼마나 사람들이 말을 안 들으면, 성경에 제일 많이 나오는 단어가 '들으라!'는 것이겠습니까? 이 단어가 천 번 이상 나온다고 해요. 성경뿐만이 아니에요. 종교를 막론하고 경전에서 제일 많이 다루는 얘기가 귀머거리의 귀가 열리는 얘기, 소경이 눈 뜨는 얘기입니다. 이것은 듣고 보는 게 우리 삶의 주제고, 깨어남의 핵심이라는 의미가 아닐까요?

들리는 대로, 보이는 대로

두 번째로 잘 듣는 비결은 자기의 호흡을 알아차리는 것입니다. 콧구멍이나 아랫배에 의식을 집중하면서 숨을 쉬어 보세요. 그러면 지금 배가 나오는지 들어가는지, 들숨인지 날숨인지를 알아차릴 수 있습니다. 그렇게 2, 3분만 있어 보세요. 마음이 절로 고요해지고 차분해집니다. 그런 상태에서 들으면 들리고, 보면 보입니다. 보시니 참 좋았다고 한 그 세계가 드러나기 시작하지요.

세 번째는 들리는 것들을 그냥 듣는 것입니다. 기도 중에 하나님의 음성을 들었다는 사람들 있지요. 그런데 정작 설거지를 하면서 물 흐르는 소리를 못 들어요. 접시가 닦이는 소리를 못 듣습니다. 걸레질을 하면서 걸레와 방바닥이 만나는 소리를 못 듣는다고요. 자기 생각에 빠져서 기계적으로 움직인다는 것이죠. 그러니 그 일을 진정 했다고 할 수 있겠습니까?

하나님의 음성을 듣는 것도 물론 중요할 것입니다. 하지만 대개 그것은 자기 생각, 혹은 소망이 투사된 것이기 쉽습니다. 지금 일어나는 소리도 못 듣는 사람이라면 더더욱 그럴 가능성이 크지요. 있는 그대로의 소리를 들을 때, 그때만 만나는 세계가 있어요. 그건 경험으로 아는 것입니다. 어떤 주부가 연수 중에 이렇게 고백하더군요.

> "주부 생활 15년 만에 오늘 처음 그릇과 그릇, 그릇과 물, 물과 물이 만나는 소리를 들었네요."
> "기분이 어떻든가요?"
> "정말 고요하고 차분해지면서 뭔가 기쁨 같은 게 올라왔어요. 저절로 웃음도 나고요."

보는 것도 마찬가지입니다. 친절한 사람, 좋은 행동, 예쁜 꽃, 따가운 가시, 힘든 일로 보지 말고 그냥 그 사람, 그 행동, 그것으로 보시라고요. 그럴 때 내 눈에 쓰여 있는 안개가 걷히면서 세상이 환히 드러납니다. 일체의 편견과 선입관 없이 마음도 편안해지고요.

이 마음자리와 상태를 경험해 보지 않은 사람이 과연 알 수 있을까요? 없습니다. 누군가 나를 물가로 데려갈 수는 있지만 그걸 마시는 것은, 마셔서 시원함을 느끼고 목마름이 해소되는 것을 아는 사람은 결국 나 자신이라는 얘기예요. 물을 마신 자만이 물맛을 알듯, 경험은 대신 해줄 수 없습니다.

총명해지는 '듣봄' 훈련

삶의 예술 ALP 연수 후에도 일상적으로 잘 듣고 잘 보는 '듣봄' 훈련을 꾸준히 해야 하는 이유는, 그래야 다시 과거의 패턴과 습관으로 돌아가지 않을 수 있기 때문이지요. 그래서 매일 귀와 눈을 할례 하는 의식을 치러야 하는 것입니다.

내가 지금 있는 그대로 잘 듣고 보고 있는지, 혹시 내 생각대로 보고 듣는 건 아닌지에 깨어 있으십시오. 내가 아직도 뭔가에 걸리고 넘어지고 부딪히고 있다면, 잘 못 보거나 잘 못 듣고 있음을 방증하는 겁니다. 예를 들어 스스로가 못 마땅해 열등감에 시달린다면 자기를 잘 못 보고 있는 겁니다. 그래서 자기에게 걸려 넘어지는 것이죠. 마찬가지 이유에서 내가 이웃이나 친구의 말 때문에 그들을 탓하고 원망하고 있다면, 그들의 말을 잘 듣지 못하고 있는 건 아닌지 의심해야 합니다. 잘 듣고 있다면 불평과 불만이 생길 리가 없으니까요.   듣봄 훈련과 관련해 또 한 가지 강조하고 싶은 것은 몸에 대한 세심한 관찰과 주의 깊은 점검도 역시 필요하다는 겁니다. 몸은 보이는 영혼이고, 영혼은 보이지 않는 몸이라고 하잖아요. 그만큼 둘은 떼려 해도 뗄 수가 없습니다. 몸이 아프면 마음도 아프고, 몸을 도는 기氣의 분배가 나쁘면 기분도 금방 나빠지는 원리는 그 때문입니다. 그러므로 우선 몸의 소리를 잘 듣고 봐 주는 것이 자신의 듣는 수준과 보는 수준을, 마음의 상태를 점검하는

데 도움이 됩니다. 몸의 소리에 귀를 기울이는 총聰과 분위기를 볼 수 있는 명明. 즉 총명聰明한 사람이 될 때 건강한 육체와 정신으로 잘 듣고 볼 수 있다는 말입니다.

여러분, 듣는 귀가 있어 행복하고 보는 눈이 있어 자유하지 않습니까? 그러니 이제 그 행복과 자유의 지평을 확장시키자고요. 듣는 깊이에 따라 삶의 깊이가 달라지고 보는 넓이만큼 삶의 반경이 달라지니까요. 삶의 신비를 얼마나 어떻게 경험하느냐가 우리 눈과 귀에 달려 있습니다.

하루하루를 행복 습관으로

ALP 깨어나기 연수를 해본 사람은 압니다. 그 안에 과학과 심리학과 철학과 인간관계 기술과 신학 등이 총망라되어 있다는 것을요. 그러나 단지 지식을 전달하거나 이론을 통해 현실을 분석하는 차원으로 끝나지는 않지요. ALP 프로그램의 목적은 의식의 변화를 통해 거듭나게 하는 것이고, 의식의 변화는 지적인 접근이나 이론적 분석이 아닌 경험을 통해서만 일어나니까요.

그런데 프로그램을 안내하다 보면 이 부분은 게슈탈트고 현실 요법이라는 둥 저 부분은 노자의 사상을 반영한 거라는 둥 분석에 분석을 거듭하는 사람이 눈에 뜨입니다. 그런 사람일수록 뭐 하라고 하면 잘 안 해요. 웃으라고 해도 잘 웃지 않고, 화를 내라고 하면 왜 화를 내야 하느냐고 묻고, 마치 남 프로그램하는 거 구경하러 온 방관자처럼 행동하지요. 그러니 ALP 프로그램이 끝나는 날까지 깨어남의 빛을 볼 수 없는 거예요. 분석하고 따지면서 지적인 우월감이나 만족감은 얻는지 모르겠습니다. 하지만 남들 다 경험하는 환희와 기쁨은 도저히 알 수 없지요. 내면은 여전히 불안하고 두려워요. 고통으로 가득 차 있습니다.

머리로 깨어나겠다는 착각

그렇다고 한 번 깨어남을 경험했다고 해서 그 사람이 늘 깬 의식으로 사는가 하면 그것도 아닙니다. 얼마 지나지 않아 옛 습관이 올라오기 일쑤지요. 그에 굴복하면 다시 편한 대로, 익숙한 대로, 프로그래밍 된 대로 살게 됩니다. 그래서 습관이 가장 무섭다는 말이 나오는 거예요. 뿌리가 너무 깊어서 한꺼번에 없앨 수가 없습니다. 나태와 게으름, 그리고 빨리 성과를 얻으려는 조급함을 버리고 꾸준히 노력하는 수밖에 없다고요.

언젠가 한 스님의 이야기를 기록한 책을 본 적이 있습니다. 아침 햇살에게 가장 감동을 준 대목은 의외로 사소한 것이었습니다. 그 스님은 '아침에 웃으면서 일어나기'를 목표로 정하고 날마다 수련을 합니다. 몇 날 며칠 해봐도 잘 안 되니까 스님이 방법을 하나 고안해 내지요. 잠에서 깨어 눈을 뜨면 가장 먼저 볼 수 있는 곳에 웃는 얼굴 사진을 붙여 놓는 거예요. 그 사진을 통해 자신의 목표를 되새기고자 한 거죠. 목표를 잃지 않으면 수련에 정진할 수 있는 내적인 힘이 생긴다는 것을 그 스님은 알고 있던 겁니다.

그래요. 훈련은 한 번 하고 끝이 아닙니다. 그래서는 아무것도 얻을 수가 없어요. 나 자신이 영이고 참나고 그래서 세상이 나를 어떻게 할 수 없는 존재임을 단지 머리로 아는 것만으로 만족해서는 안 된다는 거지요. 머리로만 알아서는 생활의 어떤 것도 바뀌지가 않아요. 그래서 작은 거라도 지금 할 수 있는 것부터 찾아서 실천해야 한다는 겁니다. 깨어남이 중요한 이유가 뭐예요? 결국 행복하게 살자는 거잖아요. 그런데 머리는 깨어났으되 몸은 여전히 게으름과 나태와 무기력에 찌들어 있다면 무슨 소용 있겠습니까?

영성 생활을 영성에 대한 지식 축적으로 착각하는 사람이 흔히 그렇게들 살아가지요. 상대를 향해 친절한 말 한 마디 해주지 못하면서, 아침에 일찍 일어나는 것조차 힘들어하면서 그저 앎의 이력서 작성하기에만 바빠요. 정작 깨닫기 위해서는 앎의 신발, 이력의 신발을 벗어야 하는데 그걸 못 벗고 움켜쥐는 꼴입니다. 기존의 앎, 꼬리표 다 떼고 벌거벗을 때만 내가 출발점에 다시 설 수 있는데 그걸 못하는 거예요. 그러니 나란 존재가 얼마나 신비하고 아름다운지, 우주의 섭리가 얼마나 놀랍고 감사한지 볼 수가 없는 거지요.

옛 습관을 새 습관으로

깨달은 사람은 없다. 다만 깨달은 행동만 있을 뿐이다. 아침햇살이 종종 하는 말이죠? 그래요. 구원 받은 사람은 없고 구원 받은 태도만 있는 거예요. 나로 사는 일을, 나 되어가는 행동을 멈추지 않을 때, 그게 곧 구원이고 깨달음이라는 겁니다. 빛을 본 만큼 행동을, 태도를 하나하나 바꿔가는 사람은 마침내 일상 전체가 깨어나는 기적을 누린다는 거지요.

그것을 위해 가장 중요한 게 습관 바꾸기예요. 나를 불행으로 몰고 가던 옛 습관을 행복해지는 습관으로 바꿔야 한다 이겁니다. 그렇다고 옛 습관을 억지로 버리려고는 하지 마세요. 다만 새 습관으로 나를 길들이면 됩니다. 그게 더 쉽고 자연스러운 방법이지요.

그리고 또 한 가지 중요한 사실은 생각이 바뀌는 데는 3일이 걸리지만 습관이 바뀌는 데는 최소한 3주, 즉 21일은 걸린다는 점입니다. 그 정도는 해야 행동이 몸에 밴다는 의미이지요. 그러니 일단 시작했으면 3주는 해야 하는 거예요. 일주일도 연습하지 않고 방법 탓만 해대며 이것저것 마구잡이로 경험하는 사람은 어떤 방법을 써도 실패하게 되어 있어요. 최소 6개월 내지는 1년 정도 연습을 해봐야지요. 그러면 뭐가 바뀌어도 바뀌게 돼 있습니다.

이 말이 사실인지 아닌지 한 번 시험해 보기 위해 '신발 돌려놓기'부터 해보는 것이 어떨까요? 다음에 신을 사람을 위해 가지런

「운명을 바꾸는 10가지 지름길」

하나, 대가를 바라지 말고 친절을 베풀어라

둘, 이유없이 밝게 웃어라

셋, 몸에 나쁜 것을 끊고 좋은 것을 음미하며 먹어라

넷, 운동을 하고 걸음걸이를 바꾸고 춤을 춰라

다섯, 친구를 바꿔라

여섯, 선생님을 만나라

일곱, 명상 생활을 해라

여덟, 책을 읽어라

아홉, 기도해라

열, 매일의 일을 기록해라

히 신발을 돌려놓는 것 말입니다. 21일 동안 꾸준히 해서 이것이 어느 정도 몸에 밴 것 같으면, 웃으면서 일어나기와 이불에게 소리 내어 인사하기도 해봅니다. 또 상대방에게 공감하기, 잘 듣고 잘 보기, '예' 하고 응답하기 훈련도 해보고요. 그렇게 천천히 확장시켜 나가다 보면 내 걸음과 표정이, 말투가 어느새 달라져 있음을 보게 될 것입니다.

'행복 습관' 들이기 연습

자, 그러면 행복 습관으로 나를 길들이는 방법을 구체적으로 살펴볼까요? 먼저 자기의 나쁜 습관을 찾아서 아래와 같이 적어 봅니다. 본인이 잘 모르겠으면 주변의 가까운 이들에게 물어봐도 좋습니다.

나를 불행하게 하는 나쁜 습관

예 　 아침에 벌떡 일어나지 못하고

　 　 늘 짜증을 내면서 늦게 일어난다.

결과 　 아침마다 기분이 별로 좋지 않다.

　 　 아내의 잔소리 때문에 스트레스가 쌓인다.

　 　 매일 아침이 바빠서 아침식사도 제대로 못한다.

이번엔 나쁜 습관 대신 도입할 행복 습관의 내용을 아래와 같이 써 봅니다.

나를 행복하게 하는 습관

예 　 일어나야 할 시간을 정해

　 　 그 시간에 웃으며 벌떡 일어난다

결과 　 기분이 상쾌하고 몸이 가뿐하다.

누가 깨우지 않아도 일어날 수 있다는 자신감이 생긴다.

온 식구가 함께 아침식사를 할 수 있다.

출근 시간에 여유가 생긴다.

그다음으로는 행복 습관을 길들이기 위해 본인이 해야 할 행동을 2단계로 적어 봅니다. 연습하는 기간 동안 체크 리스트를 만들어 스스로 점수를 매기고 가족에게 점검을 받으면 아주 도움이 됩니다.

삶의 예술ALP 행복 습관 길들이기의 2가지 행동단계

① 잠들기 전에 알람을 맞추면서 '종이 울리면 웃으며

벌떡 일어난다'고 다짐하고 잠든다.

아침에 일어나면 어젯밤의 다짐대로 이행한다.

이를 21일 간 해본다.

② 잠자기 전에 종이 울리면 웃으며 벌떡 일어나는

연습을 미리 해 본다.

아침에 일어나면 어젯밤 연습했던 대로 한다.

이를 다시 21일 간 한다.

어때요? 별로 어려울 것 같지 않지요? 설사 조금 어렵다고 한들 이 정도의 노력으로 나의 나쁜 습관을 바꾸고 일상이 행복해질 수 있다면 망설일 이유가 뭐 있겠습니까? 여러분, 천 리 길도 한 걸음 부터라고 했습니다. 그러니 지금 시작하십시오. 그 한 걸음이 여러 분을 또 다른 세상으로 데려다 줄 것입니다.

서른

공감할 때 관계가 열린다

성경에 이런 구절이 나옵니다. "우리가 너희에게 피리를 불어도 너희는 춤추지 않았고, 우리가 애통하게 울어도 너희는 울지 않았다."(누가복음 7:30~32)

누가 피리를 불면 그에 맞춰 춤을 추고 애통해 할 때 같이 울어 주는 것. 그것이 공감共感이지요. 상대의 느낌을 있는 그대로 보아 주고 알아주는 것을 말합니다. 그런데 사람들이 참 이것을 못해요. 안 합니다. 예를 들어 무슨 일로 잔뜩 화가 나 있는 사람에게 "야, 그게 화낼 일이냐? 넌 참 별 것도 아닌 것 갖고 화를 다 낸다"고 하거나, 슬픔에 싸여 식음을 전폐하는 이에게 "뭘 그런 일로 슬퍼하고 그래?" 하고 심드렁하게 반응합니다. 깨어난 이에겐 화가 날 일도, 슬퍼할 일도 없는 것 아니냐고요? 옳습니다. 하지만 그것도 때와 장소와 상황에 맞게 해야지 아무 때나 누구에게나 그런 말을 한다고 되겠습니까? 아니지요. 그것이 설령 옳은(right) 말일지는 몰라도 맞는(proper) 말은 아닌 겁니다.

옳은 말보다는 맞는 말을 해라

저는 옳은 말 하는 것보다도 맞는 말 하는 데 더 큰 지혜가 필요하다고 생각해요. 옳은 말이 사람을 변화시킬 것 같죠. 천만에요. 사실은 그렇지 않습니다. 밖에 나가 보세요. 자기가 옳다고 주장하는 사람이 얼마나 많습니까? 예나 지금이나 이론과 지식으로 무장한 채 이건 이렇고 저건 저렇다고 떠드는 이들이 얼마나 많으냐고요. 하지만 과연 그들에 의해 세상이 얼마나 달라졌을까는 의문입니다.

옳기만 한 말로는 세상을 변화시킬 수 없습니다. 상식적으로 한번 생각해 보세요. 뚜껑이 열릴 정도로 화가 나 있는 사람한테 '그것이 화날 일이냐'고 묻는 것은 코미디 아닙니까? 뺨이나 안 맞으면 다행이지요. 우리 ALP의 눈으로 봤을 때는 그게 옳을 수 있지만, 그건 어디까지나 거듭난 사람의 의식에나 합당한 물음입니다.

상대방이 그렇지 않을 때는 우선 그의 마음이 되어 '아, 그래서 네가 그렇게 화가 났구나' 하고 공감하는 게 순서이지요. 아니 설령 상대가 같은 ALP라 해도 그가 화를, 슬픔을 만나주고 있을 때는 그에 공감해주는 것이 몸을 입고 이곳에 온 사람의 지혜와 사랑인 것입니다. 잠언서에도 '경우에 합당한 말을 하는 것은 은쟁반에 금사과'라는 구절이 나오지 않습니까? 맞는 말을 할 줄 아는 것이 성숙한, 진화한 이의 태도라는 얘기지요.

다들 아는 이야기 하나 해볼까 합니다. 강도에게 당해 돈을 빼앗기고 피를 흘린 채 쓰러져 있던 사람 이야기입니다. 누군가의 도움이 절실히 필요한 상황이지만 아무도 그를 돌봐주지 않지요. 종교인인 레위인도, 성직자인 제사장도 그냥 지나갑니다. 그런데 오직 사마리아 사람만은 그를 측은하게 여겨 병원으로 옮기고 경찰에 신고도 하지요. 그냥 지나친 레위인이나 제사장도 나름 할 말은 있을 것입니다. 더 중요하고 급한 자기 용무가 있었다고 말할 수 있겠지요. 피를 만진 부정한 손으로 제사를 올릴 수는 없다고 둘러댈 수도 있을 겁니다. 그들의 신념과 법으로 보면 다 옳은 말이에요. 하지만 삶의 진리를 따르는 이에게 그 모든 말은 어때요? 최소한 맞는 말은 아니지요. 당장 사람이 죽어 가는데 특정한 신념과 법을 내세운다는 것 자체가, 이미 그들이 삶을 놓치고 있음을 방증하는 것일 뿐입니다.

열린 가슴으로 깨어나기

진정한 삶은 교리가 아닌 체험입니다. 그 체험은 머리가 아닌 가슴으로 하는 것이지요. 이성이 아닌 감성, 신학이 아닌 신앙, 그리고 신념이 아닌 깨어남으로 체험해야 진짜 삶을 만날 수 있다는 겁니다. 그런데 레위인이나 제사장은 이미 전통과 교리에 얽매여 가슴이 굳어질 대로 굳어 버린 사람들입니다. 누가 피리를 불어도 춤을 출 수 없고, 곡을 해도 울지 않는 사람이 되어 버린 것이죠. 예수는 이렇게 가슴이 없고 공감하지 못하는 사람들에게 경고하기 위해 선한 사마리아 인의 이야기를 들려준 것입니다. 그런 이에게는 하나님나라가 임할 수 없다는 것, 아니, 이미 임한 하나님나라를 경험할 수 없음을 알려주고 있다고요.

화가 나 있는 이에게, 두려움에 떨고 있는 이에게, 비탄에 빠져 있는 이에게 공감하며 '맞는' 말을 들려주지 못하고 대신 '옳은' 말만 던지는 사람이야말로, 다쳐 쓰러진 이를 보고도 그냥 지나친 레위인이나 제사장 같은 사람이 아닐까 합니다. 가슴이 굳어 삶을 느끼지 못하고 다만 머리로 판단하고 분석하는 유형의 사람인 것이죠. 이런 사람은 아무리 옳은 말을 해도 깨어난 사람일 수 없습니다.

진정 깨어난 사람은 남의 일에 그렇게 무심하지 않아요. 방관자의 입장에서 세상을 바라보지 않는다고요. 오히려 적극 참여하지요. 자신에게는 화날 일이 없지만 화난 사람의 말에 귀 기울여 줌으로써 함께하는 겁니다. 자신은 더 이상 슬프거나 두렵지 않지만 슬픔과 두려움에 빠져 있는 이들의 느낌을 외면하지 않고 함께 아파합니다. 그와 똑같이 느끼는 것이 아니에요. 다만 상대의 느낌을 무시하거나 옳고 그르다 판단하지 않고 그 느낌을 있는 그대로 인정하고 수용해 주는 것입니다. 다시 말해 방관자가 아닌 참여적 관찰자가 되는 거지요. 예수가 우는 사람과 함께 울고, 웃는 사람과 함께 웃었듯이, 그것이 예수의 영성 생활이었듯이 말입니다.

공감, 있는 그대로 수용하는 능력

자, 중요한 것은 두 가지입니다. 하나는 '여기나없이있음'의 참나, 나란 존재의 본성을 기억하는 것입니다. 그러면 모든 것을 있는 그대로 보고 듣고 알아차릴 수 있습니다. 화날 일도, 슬플 일도, 싫은 것도 없는 세계에 머물 수 있는 거지요. 하지만 그것으로 끝나지 않지요. 이곳 지구별은 어떤 세계예요? 그래요. 나타남의 세계, 다시 말해 현상계지요. 우리 모두는 몸을 입고 이곳에 나타난 겁니다. 가장 알맞은 때와 장소를 골라, 내 부모와 가족을 골라 내려왔다고요. 관계하러, 삶과 관계하여 내가 되기 위해 온 거죠. 그러니 어떻게 살아야 합니까? 내 존재에 두 발을 단단히 딛고, 세상 사람과 일에 적극 관계해야 하는 겁니다. 참여적 관찰자로 인연을

198

맺는 거지요. 그래서 인도의 현자는 이런 말을 했습니다. "세상에서 살되 그에 속하지는 말아라!"

공감이야말로 지구별에서 함께 살아갈 수밖에 없는 이들과 더불어 세상을 사는 길입니다. 그걸 잘 하려면 먼저 내 느낌을 잘 만나줘야겠지요. 감정의 노예로 끌려 다니는 것이 아니라, 내 감정을 바라보고 알아차려 내가 주인 되는 방향으로 부릴 수 있어야 한다 이겁니다. 그런 힘과 능력이 쌓일 때 비로소 다른 사람의 느낌에 더욱 민감해질 수 있지요. 민감하되 그에 빨려들지는 않습니다. 있는 그대로 상대를 수용함으로써 오히려 그가 자기 느낌을 알아차릴 수 있게 도와주는 거지요.

그러니 여러분, 이제는 웃는 사람과 힘을 다해 함께 웃어 보십시오. 우는 이 곁에서 마음을 다해 울어보세요. 그 속에서 사는 깊이와 재미를 동시에 느낄 수 있을 겁니다. 지知와 행行이 하나가 되는 은총을 경험할 수 있지요. 오직 이 지구별에서만 경험할 수 있는 그 은총, 부디 놓치지 마시기 바랍니다.

삶은 알아차리기 4중주 심포니

삶은 사랑이다, 하나님은 사랑이시다, 이런 말들을 많이 하지요. 그런데 여기서 사랑이란 것이 과연 뭘까요? 아니, 그것을 언어로 정의하는 게 과연 가능할까요? 사랑은 언어보다 크고 깊고 오묘해서 말이나 글로 정의할 수 없습니다. 그렇다고 사랑을 느끼지 못하는 것은 아니지요. 공기가 눈에 보이지는 않지만 들이마시고 내쉬는 호흡을 통해 느끼듯, 사랑도 마찬가지입니다. 정의할 수는 없지만 느끼고 알아차릴 수는 있는 겁니다.

ALP에서는 깨어남이 곧 사랑이라고 하지요. 세상 만물을 있는 그대로 보고 듣고 느끼고 알아차릴 때 비로소 사랑이 시작되니까요. 자기가 보고 싶은 대로 보고, 듣고 싶은 대로 듣고 있는 한은 아직 눈멀고 귀먹은 상태인 겁니다. 자기 지식과 개념과 주관에 갇혀 가슴이 딱딱하게 굳어 있는 거지요. 그런 사람은, 그러니까 사랑을 하고 있다고 생각할 뿐 진실로 사랑하는 건 아니라는 얘깁니다.

그렇다면 어떻게 깨어나서 우리가 사랑을 할 것인가가 중요한데, 여기서 말하고 싶은 건 그것이 노력만으로 되는 것은 아니라는 겁니다. 깨어나는 데는, 사랑하는 데는 어떤 원리가 있음을 아는 것이 더 중요하다는 거지요. ALP에서는 이를 '일상에서 깨어남'이라고 표현합니다. 아주 생생하고 구체적인 일상에 깃들어 있는 신성神聖을 알아차려 그것과 더불어 행복하게 살자는 말입니다. 행복은 헬라어로 '유다이모니아'라고 하지요. '하나님과 함께하는 것'이라는 의미입니다. 여기서 하나님은 곧 존재의 신성이 아닙니까? 다시 말하면 내 존재의 신성을 일상에서 드러내고 실현할 때, 일상 속에서 발견하고 확장시킬 때 우리가 깨어나 행복할 수 있다는 결론이 나옵니다.

몸 알아차리기_ 전부를 얻는 기초공사

일상에서 깨어나기 위한 구체적인 방법으로 제가 제시하는 것이 바로 알아차리기 4중주예요. 몸, 생각, 느낌, 그리고 나 있음, 즉 존재에 대한 알아차림으로 나를 연주할 때, 일상이 신성의 협주곡이 되고 사랑의 심포니가 된다는 거지요. 그럼 그 4가지 알아차리기에 대해 하나씩 살펴보도록 할까요?

첫째는 자기의 '몸'을 알아차리는 것입니다.

깨어나서 제일 먼저 알아차리게 되는 것이 바로 몸이에요. 몸은 보이는 영혼이고, 영혼은 보이지 않는 몸입니다. 이 지구별에서는 몸을 입지 않고서는 살 수 없습니다. 그래서 예수가 이웃을 네 몸처럼 사랑하라고, 몸이 하나님의 성전이라고 하신 것 아닐까요?

몸은 또한 모임입니다. 몸에 다 모여 있지요. 나의 손짓, 걸음, 표정, 눈빛, 이 모든 것이 모여 몸을 이룹니다. 그래서 몸을 알아차린다는 것은 몸에 모여 있는 그 모든 요소들, 아주 작은 것까지 세심하게 알아차리는 것을 의미하지요. 그때 일어나는 놀라움, 그때 만나는 신기함은 경험을 통해서만 알 수 있습니다.

몸에 대한 알아차림은 나아가 육체의 건강으로 연결되지요. 몸에 대한 감각이 예민해지고 알아차림의 힘이 커지면 몸의 어디가 안 좋은지, 몸에 무엇이 필요한지 알고 적절한 대응을 할 수 있습니다. 그러므로 몸 알아차리기는 삶의 기쁨을 누릴 수 있는 기본 조항이 되는 것이지요. 건강한 육체에 건강한 정신이라는 말도 있듯이 육체가 건강하지 않으면 영성 생활이 기초에서부터 흔들려 더 깊이, 넓게 갈 수가 없습니다. 그러니 여러분도 몸 알아차리기와 더불어 몸을 단련하는 도구 하나씩은 최소한 익히고 있어야 합니다. 굳이 복잡하고 힘든 프로그램을 할 필요는 없어요. 간단한 맨손체조나 산책, 꾸준한 걷기와 가벼운 조깅 정도면 충분합니다.

"재산을 잃는 것은 조금 잃는 것이고, 명예를 잃는 것은 절반을 잃는 것이고, 건강을 잃는 것은 전부를 잃는 것"이라고 탈무드에서 일러주고 있지요? 거꾸로 말하면 건강한 몸을 유지하면서 몸의 움직임 하나하나를 알아차리는 것이 전부를 얻을 수 있는 가장 기본적인 전제입니다. 조화롭고 평화로운, 행복한 삶의 씨앗이 그 안에 들어 있다는 겁니다.

생각 알아차리기_ 보면 사라진다

알아차리기 4중주의 두 번째 요소는 '생각' 알아차리기입니다.

우리는 대개 자기 안에서 어떤 생각들이 일어나고 사라지는지를 모른 채 살아갑니다. 그래서 생각이 곧 내가 되고 생각이 네가 되는 것이지요. 그 결과 생각으로 대립하고 갈등해요. 누가 내 생각을 인정하고 그에 동의하면 자기의 존재를 받아들이는 것으로 착각하지요. 반대로 누구라도 내 생각에 반하는 태도를 보이면 자기 존재가 거부되는 것으로 알고 상처 받습니다.

그런데 생각을 알아차리면 어떻게 될까요? 나와 생각이 분리되기 시작합니다. 나는 존재 자체고, 존재는 절대적인 있음, 즉 없이 있는 것이어서 누구로부터 거절당하고 수용당하는 대상이 아님을 알게 되는 것이지요. 다만 일어났다 사라지는 생각에 나를 동일시할 수 없음을 절실히 깨닫게 되는 것입니다.

언젠가 일본에서 온 구즈마노라는 서양 신부님과 3박 4일간 프로그램을 한 적이 있습니다. 새벽 6시부터 밤 10시까지 침묵하며 단지 일어나는 생각을 알아차리는 프로그램이었지요. 참 별의 별 생각이 다 일어나더군요. 찢어진 양말, 찌그러진 우유 팩, 깨진 쓰레기통, 걸레도 보이고 말이지요. 까마득히 멀어진 기억들, 파편적인 이미지들, 그에 연관된 생각들이 꼬리에 꼬리를 물고 마구 올라오는 것을 바라보자니, 처음엔 힘들었지만 나중엔 구경하는 재미마저 느끼게 되었습니다. 올라오는 생각을 억누르거나 판단하거나 분석하지 않고 있는 그대로 관찰하다 보니 저절로 그렇게 되더군요. 평정심이 생기고 나와 생각을 분리할 수 있는 힘을 갖게 된 것입니다.

"공중에 나는 새를 보라, 들에 핀 꽃들을 보라." 이것이야말로 성경에 기록된 최고의 영적인 말씀이 아닌가 합니다. 여기서 본다는 것은 그것 자체를 본다는 것이지요. 직관하는 것입니다. 판단도 분별도 없이 그저 보는 겁니다. 그러면 바로 본질에 가 닿을 수 있어요. 이름도 색깔도 이념도 특성도 사라지고 사실 그대로를 꿰뚫게 되는 것입니다. 그런데 우리는 어떻게 봐요? 생각으로 보지요. 판단하고 분석하고 따집니다. 그렇게 함으로써 사라지는 생각을 오히려 마음에 붙들어둬요. 이건 옳은 것, 저건 나쁜 것, 이런 식으로 잠재의식 속에 각인시키는 겁니다.

여러분, 생각을 보는 것만으로도 변화는 일어납니다. 치유가 일어나지요. 생각을 알아차리는 것만으로 삶이 가볍고 단순해진다고요. 그동안 몸 따로 생각 따로, 그래서 내적으로 갈등하고 투쟁하던 삶을 살아왔다면 이제는 그 두 가지를 알아차려 줌으로써 몸과 생각이 서로 친해지고 소통하고 사랑하게 됩니다. 브레이크와 액셀을 동시에 밟아온 패턴을 버리고 자기가 원하는 방향에서 둘을 적절하게 조율하며 살 수 있는 것이지요.

느낌 알아차리기 1_ 생각과 느낌, 사실의 틈새

다음은 '느낌' 알아차리기입니다.

깨어나기를 할 때 가장 먼저 하는 것이 생각과 느낌의 분리이지요. 생각에 따라오는 느낌을 잘 포착하여 알아차리라고 하는 겁니다. 그래요. 생각과 느낌 사이에는 틈새가 있습니다. 청소가 그냥 싫은 게 아니에요. 청소는 힘든 것이라고 생각하기 때문에 싫은 겁니다. 그때 제가 이렇게 묻지요. 청소란 싫은 것입니까? 다시 말해 청소는 싫은 것이 아니라 그냥 청소임을 알면 싫은 느낌이 사라지지 않겠느냐 이겁니다.

생각과 느낌 사이에 있는 미세한 틈. 사실과 생각 사이의 틈. 그 것을 알아야 그 틈새 안에서 내가 자유롭고 행복해질 수 있는 방향으로 생각과 느낌을 결정할 수 있습니다. 그래서 이렇게 말하는 거지요. 틈새에 사랑이 있고 행복이 있고 여유가 있다고. 삶의 질은 다름 아닌 틈새에서 결정되는 것입니다.

이를 잘 표현한 게 〈In The Space〉라는 짧은 글입니다. 영적 저술가로 유명한 스티븐 코비가 자신의 생애를 바꾸게 한 글이라며 소개해서 유명해졌지요. 원문으로 내용을 소개하면 이렇습니다.

In The Space

공간 속에…

Between stimulus and response, there is a space.

자극과 응답 사이에는 공간(틈)이 있습니다.

In that space, lies our freedom and power to choose our response.

그 공간에는 우리가 응답을 선택할 자유와 힘이 있습니다.

In our response, lies our growth and our happiness.

우리의 응답 안에는 또한 우리의 성장과 행복이 있습니다.

이를 쉽게 풀어서 설명하면, 내게 모든 선택권이 있다는 겁니다. 내게 가해지는 자극, 즉 세상에서 일어나는 일들, 만나는 사람들,

206

보고 듣고 만지는 물건들에 대해 어떻게 응답할 것인지를 선택할 자유와 힘이 나에게 있다는 거지요. 그리고 어떤 응답을 선택하느냐에 따라 내가 성장할 수도 퇴보할 수도, 행복할 수도 불행할 수도 있다는 겁니다.

그동안은 생각을 사실로 알고 느낌을 사실로 알아서 상처 받았지요. 또한 생각을 생각으로 받지 못하고, 느낌을 느낌으로 받아 나누지 못해 관계가 꼬이고 어그러졌습니다. 반면 이제는 틈새를 알아차려 사실과 생각과 느낌을 구분하고, 나아가 생각은 생각으로 받고 느낌은 느낌으로 나누어 내가 성장하고 행복할 수 있는 방향에서 응답해 주니 삶이 얼마나 자유롭습니까? 이것이야말로 내 운명을 내가 결정해서 그 결과까지 책임지는 삶인 거지요.

이 원리를 알면 설사 같은 실수를 반복한다고 해도 이미 과거와는 다를 것입니다. 예를 들어 그동안은 화를 내고 한참이 지나서야 자기가 무엇을 어떻게 했는지 알아차렸다면, 이제는 알아차림의 속도가 점점 빨라진다는 것이지요. 나중엔 화를 냄과 동시에 그것을 알아차리는 단계에까지 오게 됩니다. 그러면 화를 불러일으킨 자기의 생각을 알아차리게 되고, 그때 비로소 내가 화를 계속 낼지 말지, 낸다면 어떻게 얼마만큼 낼지 스스로 결정할 수 있지요. 이것이 더 발전하면 화가 일어나기 전에 미리 알아차릴 수 있는 경지에까지 오르게 되고요. 마치 일기를 예보해주는 것처럼 자기 느낌과 생각을 훤히 들여다보게 된다는 거지요.

느낌 알아차리기 2_ 영혼느낌의 센서를 켜라

그런데 느낌에는 위에서 말한 느낌, 즉 생각에 붙어 딸려 나오는 느낌만 있는 게 아니에요. 그것은 생각에 의해 채색되고 변질된 세상 느낌이지요. 살면서 갖게 된, 만들어진 느낌입니다.

반면 생각 이전의 느낌도 있어요. 이를 영혼 느낌이라고 하지요. 다음의 그림을 보면 알겠지만, 이 영혼 느낌은 생각보다 참나인 존재, 영에 더 가깝습니다. 다시 말해 영혼 느낌은 에고로서가 아닌 존재로서 느끼는 거지요. 이건 말로 설명하기가 어려워요. 하지만 다들 한두 번은 느껴본 경험이 있을 겁니다. 영적인 예술 작품을 대할 때, 광활한 자연 앞에 설 때, 위대한 현자나 성인의 얼굴을 대할 때 기존의 언어로는 뭐라 딱히 표현하기 힘든 느낌이 올라오잖아요? 그때의 느낌은 생각을 넘어서 있지요. 생각에서 자유롭다고요. 그래서 영성 세계로 가려면 지식 영역보다 감성 영역을 개발하고 확장시켜야 한다는 말이 나오는 겁니다. 이 영혼 느낌을 느낄 만한 감성이 마비되어 있는데 곧장 영성 세계로 가려고 한다면, 그때의 영성은 또 하나의 생각 혹은 관념을 키우는 것밖에 되지 않습니다.

ALP 1단계 깨어나기가 시작되면 저는 수시로 '시방느낌은?' 하고 묻습니다. 의도가 있어요. 영혼 느낌을 일깨우려고, 그래서 세상 느낌이 아닌 영혼 느낌으로 살게 하려고 묻는 겁니다. 그런데 대부

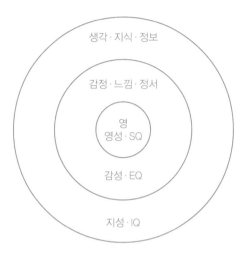

생각·지식·정보

감정·느낌·정서

영
영성·SQ

감성·EQ

지성·IQ

분의 사람들이 즉각 대답을 못해요. 시방 느낌을 묻는데 생각하고 있는 거지요. 그만큼 세상 느낌에 익숙해져 있다는 증거입니다.

여기서 벗어나려면 세상 느낌을 잘 알아차려 그것과 나를 동일시하지 않는 것 못지않게, 영혼 느낌을 예민하게 갈고 닦아 존재가 내게 보내는 메시지를 가슴으로 느끼는 게 필요하지요. 그래서 ALP에서 감성 깨우기 작업을 하는 거예요. 몸의 오감 만나기, 춤 테라피, 몸기도 등이 전부 그에 해당되지요. 그를 통해 영혼 느낌을 알아차릴 센서를 예민하게 갈고 닦는 겁니다.

나 있음 알아차리기_ 하늘사람, 삶의 예술가로 거듭남

마지막은 '나 있음' 알아차리기입니다. 이것은 몸과 생각과 느낌을 잘 알아차린 사람들이 누리는 은총이자, 사실을 사실 그대로 보는 눈이 환하게 열리면 주어지는 선물이라 할 수 있습니다.

앞 장에서 '나는 누구인가?' 물음을 통해 우리는 이미 이 세계를 보았지요. 지금 여기에 없이있음으로 존재하는 나, 태어난 본적이 없고 그래서 죽음이 없으며 상처 받은 적도 고통을 느낀 적도 없는 나를 사실로서 경험한 것입니다. 그러면 다시 한 번 물음을 통해 그 나를 찾아가 볼까요?

"나는 누구입니까?"
── 누구가 아닌 나입니다.
"그 나는 무엇입니까?"
── 무엇이 아닌 나입니다.
"이름 있습니까?"
── 없습니다.
"남자입니까, 여자입니까?"
── 그런 것과는 상관없습니다.
"그 나는 지금 어디 있습니까?"
── 여기 있습니다.

"여기가 어디입니까?"

——어디가 아닌 여기입니다.

"여기에 누구로 있습니까?"

——누구가 아닌 나로 있습니다.

"그 나가 보입니까?"

——보입니다.

"그 나가 느껴집니까?"

——예, 느껴집니다.

이때 우리는 언어를 넘어선 세계, 생각이 끝난 자리에 서게 되지요. 바로 하늘입니다. 이렇듯 하늘사람으로 거듭나면 삶은 자유와 행복과 사랑의 오케스트라가 됩니다. 알아차림 4중주로 이뤄낸 결과이지요. 몸 따로, 생각 따로, 느낌 따로, 존재 따로가 아닌, 이 모두를 알아차림 가운데 통합시켜 지성과 감성과 행동이 일치된 삶을 창조한 것입니다. 이런 삶이야말로 세상에서 가장 아름다운 소리를 내고 가장 신비로운 빛깔을 내는 진정한 예술이자 명품이기에, 우리는 하늘사람을 곧 삶의 예술가라 부릅니다.

누구에게나 '디자이어'가 있다

　지구별에 와서 예수가 한 일은 무엇일까요? 사람 살리는 일을 했습니다. 하나님, 신이 하는 일이 바로 그거였기에 예수도 그 일을 한 겁니다. "아버지께서 일하시니 나도 일한다"며 그 일에 '예!'로 응답하다 가신 거지요.

　저도 마찬가지로 그 일을 하고자 합니다. 생각과 감정에 매여 종노릇하는 사람들을 다시 주인으로 서게 하는 일, 의식을 변화시켜 자유와 행복을 누리게 하는 일. 무엇이 정말 나인지 알고 '이런 내가 좋다' 하며 살게 하는 일. 그러고 보면 우리 다 그 일 하러 온 거네요. 내가 살기 위해, 너를 살리기 위해 온 겁니다.

욕망, 하늘이 준 씨앗

그러면 이곳 지구별에서 인간이 '나'로 사는 핵심은 뭘까요? 두 가지입니다. 하나는 내가 영임을, 어디에도 매이지 않은 완전히 자유로운 존재임을 아는 것이지요. 다른 하나는 그 존재에 뿌리를 내리고 자기가 하고 싶은 일 찾아서 맘껏 펼쳐보는 것입니다. 성경에 보면 예수가 자신을 따르는 이들에게 종종 이렇게 묻는 장면이 나오지요. "무엇을 찾고 있느냐?" "내가 무엇을 해주랴?" 이 물음은 상대에게 "하고 싶은 게 뭐냐"고, 다시 말해 너의 디자이어desire, 즉 욕망이 뭐냐고 묻는 것입니다.

신은, 우주는 지구에 내려 보내는 모든 것들에게 '씨앗'을 하나씩 심어 주었습니다. 그 씨앗이 다름 아닌 욕망입니다. 쉽게 말하면 하고 싶어 하는 마음이에요. 즉, 참나무가 참나무이고자 하는 에너지, 라일락이 라일락 되고 싶어 하는 에너지, 그게 바로 욕망이라는 거지요. 그러니 여기서 욕망이란 흔히 짐작하는 것과 같은 세속적인 욕심이나 집착이 아닙니다. 오히려 우주의 순리요, 신의 창조 법칙이라 할 수 있습니다.

물론 인간도 그 순리와 법칙에서 예외일 수 없습니다. 인간 또한 그 씨앗, 즉 뭔가 하고 싶어 하는 욕망, 그것을 할 수 있는 소질과 재능을 받아왔다는 거예요. 그러니까 인간이 우주의 섭리와 신의 뜻에 맞게 산다는 것은, 내가 무엇을 하고 싶은지, 또 무엇을 잘 할 수 있는지 발견해서 하는 것입니다. 그렇게 사는 게 바로 자기를 알고 실현하는 길이라고요.

마태복음 25장을 보면 그 유명한 달란트 비유가 나오지요? 길 떠나는 주인이 자기 밑에서 일하는 이들에게 각자의 능력에 따라 달란트를 주고 갑니다. 누구는 한 달란트를 받고 누구는 두 달란트를, 또 다른 이는 다섯 달란트를 받아요. 세월이 흐른 후에 마침내 주인이 돌아오지요. 달란트를 받은 이들을 불러서 그동안 어떻게 수고하여 결실을 맺었는지 점검합니다. 먼저 다섯 달란트를 받은 이는 그 돈을 밑천으로 장사를 했다며 총 열 달란트를 주인에게 돌려줍니다. 주인은 그에게 잘했다고 칭찬을 하지요. 두 달란트를 받은 이 역시 원금에 두 달란트를 더하여 주인에게 줍니다. 그 또한 착하고 신실한 삶을 살았다고 주인으로부터 칭찬을 받습니다. 이제 마지막으로 한 달란트를 받은 이가 주인 앞에 나섭니다. 그는 달랑 한 달란트를 내놓으며 말합니다. "당신은 굳은 분이시라 심지 않은 데서 거두시고 뿌리지 않은 데서 모으시는 줄로 알고, 무서워하여 물러가서 그 한 달란트를 땅에 숨겨 두었습니다. 자, 보십시오. 한 달란트를 그대로 가지고 왔습니다." 그러자 주인은 악하고 게으른 종이라며 그를 야단치지요. 그러고는 그 한 달란트마저 빼앗아 다섯 달란트 가진 종에게 줍니다.

자, 이 이야기가 우리에게 주는 메시지는 무엇이겠습니까? 그래요. 이것이 삶의 법칙이라는 겁니다. 모든 인간은 이곳에 살려고 왔다는 거지요. 잘 살라고 신이 우리들 가슴에 달란트를, 하늘 씨앗을, 디자이어를 심어줬다는 거예요. 그러면 살아야 되잖아요? 적극 관계하고 자기가 원하는 것을 찾아서 해야 한다 이 말입니다. 그런데 왜 그 달란트를 안 쓰고 땅에 묻어둡니까? 만약 최후의 심판이란 게 있다면, 신이 우리에게 물을 질문은 딱 하나일 것 같아요. "내가 준 달란트를 다 썼느냐?" 달란트, 즉 하늘이 심어준 너 자신의 소질과 재능을 아낌없이 쓰고 왔느냐는 거지요.

주인공으로 와서 구경만 하겠다고?

밤나무는 밤나무가 되고 싶어 하는 욕망을 지니고 왔습니다. 감나무는 감나무가, 소나무는 소나무가 되고자 하는 욕망을 지니고 왔고요. 그들은 그 욕망에 아주 충실하게 살아갑니다. 그러면 사람은 어떻습니까? 사람이 되고자 하는 욕망을 지니고 온 것은 물론이고, 그 안에서도 영희는 영희가 되려는 욕망을, 미옥은 미옥이가 되고자 하는 욕망을 지니고 왔지요. 이 욕망은 각자 자신을 알고 자기의 소질과 재능을 발견하여 그걸 아낌없이 실현할 때 충족됩니다. 그러니 나의 달란트, 디자이어를 원 없이 쓰고 가야 하지 않겠어요?

안타까운 건 수많은 사람들이 자기가 무엇을 하고 싶어 하는지

조차 모르고 살아간다는 것입니다. 뭘 원하는지도 모르는 채 전공을 택해 대학에 가고 직장을 잡습니다. 나이가 많다고 저절로 알아지는 것도 아니에요. 또 이른바 돈 잘 벌고 지위가 높다고 해서 아는 것도 아니지요. 그런 사람들 삶이 과연 어떨까요? 원하지도 않는 공무원 시험 준비하느라 도서관에 처박혀 사는 게 신나고 재미있을까요? 장사할 능력을 타고난 사람이 넥타이 매고 대기업 다닌다고 한들 행복할까요? 친구 중에 부모의 강권으로 산부인과 의사된 사람이 있어요. 자기 일을 좋아하지 않지요. 아주 부담스럽고 두려워합니다. 그러니 술 먹고 들어가서 아기 받는 거예요.

자, 우리가 이 세상에 왜 왔겠습니까? 단지 남 사는 거 구경하러 온 것은 아니지 않겠습니까? 그러니 내가 살아야지요. 우주가 이 아름다운 지구를 만들고 보살펴 무대로 주셨는데 그 위에서 주인공으로 살아야 할 것 아니냐고요. 우리 모두 주인공으로 살 자질을 갖고 왔잖아요. 소질과 재능, 하고 싶은 게 누구에게나 있다고요. 그러니 그걸 찾아서 힘껏 살라는 겁니다.

내 안의 디자이어와 세상이 만날 때

흔히들 욕망 하면 안 좋은 것, 억눌러야 할 것이라 생각하는데 여기서 말하는 욕망은 에너지입니다. 의식지수 125가 바로 욕망의 자리지요. 의식지수 100 이하가 수치심, 죄의식, 무기력, 슬픔, 두려움 등인데 그런 수준에서는 변화가 일어날 수 없습니다. 보약도 그걸 받아서 흡수할 만한 힘이 있어야 보약이 되지요? 그 힘이 없으면 오히려 부작용이 생기고 해가 돼요. 인간의 의식도 마찬가지입니다. 아무리 변화의 원리와 방법을 알려준들, 100 이하의 의식에게는 쇠귀에 경 읽기지요. 그래서 이런 사람들에게는 먼저 자기 치유와 정화가 필요한 거예요. 변화는 그 다음 순서라는 거지요.

반면 의식지수 125 욕망을 기점으로 200의 용기로 올라가고, 또 그 이상으로 올라갑니다. 그래서 저는 과감하게 욕망이라는 단어를 쓰는 거예요. 처음엔 생명력이라고 표현했지요. 그런데 유대교 신비주의 경전인 카발라 1장에서 이 욕망의 실현이 인간이 온 목적이라고 밝힌 것에 고무돼 다시 직설 화법으로 바꿨습니다.

여러분, 진정한 삶은 자기가 무엇을 바라고 무엇을 하고 싶은지를 아는 것에서부터 출발합니다. 이것이 또한 자기 사랑의 시작이에요. 그러니 자기의 욕망을 잘 살피십시오. 억누름 없이 판단하지 말고 보시라고요. 그러면 내 안의 하고 싶은 마음과 세상이 만나는 지점에서 삶이, 인생이라는 작품이 탄생하는 게 보일 겁니다.

잃어버린 디자이어를 찾아서

디자이어가, 욕망이 나를 나 되게 하는 에너지고 그로부터 삶이 아름다운 작품이 될 수 있습니다. 그런데 이 디자이어는 자기 안에 있어요. 그러니 내면의 소리에, 영혼 느낌에 잘 귀 기울여야 알 수 있지요. 반면 다른 사람의 기대, 사회적인 조건 등 외부 요소에만 신경 쓰면, 정작 실현되어야 할 내면의 욕망은 숨죽고 맙니다.

엄청나게 노력하고 성실하게 살면서도 삶의 꽃을 피우지 못하고 인생의 향기를 뿜지 못하는 이들이 참 많아요. 그들은 참된 자기의 욕망을 발견하지 못했거나, 아니면 알면서도 억누른 채 돈과 명예, 권력, 성공과 인기를 얻고자 바깥으로만 달려가지요. 이런 사람은 일 따로 놀이 따로 그리고 삶도 따로인 반면, 내면의 욕구를 충실하게 따라가는 사람은 일과 놀이, 취미와 삶이 하나로 통합됩니다. 일이 잘 되거나 못 되거나 그리 신경 쓰지도 않아요. 성공과 실패라는 개념이 없으니까요. 다만 좋아서, 원해서 할 뿐입니다. 그러니 일을 할수록 피곤한 게 아니라 오히려 활력이 생기고 얼굴에서 빛이 나지요.

그렇다면 우리는 어쩌다 그처럼 귀한 욕망을, 나로 살라고 하늘이 주신 마음(천진성天眞性)을 잃고 만 것일까요? 그 이유를 확실히 알면 되찾기가 더 쉽지 않겠습니까?

헛된 욕망에 묻힌 원석

디자이어를 상실하게 되는 첫째 이유는 바로 우리 안의 헛된 욕망 때문입니다. 같은 욕망이어도 존재에서 비롯된 참된 욕망과 바깥세상이 주입한 헛된 욕망은 다르지요. 이런 욕망에 사로잡힌 사람들은 한마디로 '대단한 사람'이 되겠다는 마음에 집착합니다. 쉽게 말해서 자기가 하늘로부터 받은 재능을 살려 선생님이나 음악가, 농부, 사업가, 요리사, 기술자, 작가, 과학자 등이 되겠다고 생각하는 게 아니라, 성공한 사람이나 영향력 있는 사람, 권력자 등을 꿈꾼다는 것이죠.

이 헛된 욕망에 밀려 본래의 욕망이 묻히면, 원래 욕망의 의식지수인 125 수준도 유지하기가 힘듭니다. 자기 재능과 소질을 찾아 그것을 계발하고 확장시켜 자기 성장의 지속적인 발판으로 삼으면 310의 자발성, 500의 사랑, 540 기쁨에도 이르지만, 욕망 에너지를 채워도 채울 수 없는 신기루 같은 목표를 위해 쏟아 부으면 언제든 외적 조건에 의해 의식지수 100 이하로 떨어질 수 있다는 거지요. 흔히 잘 나가다 내리막길을 걷는 사람 중에 50의 무기력과 75의 슬픔에 갇히는 경우는 얼마나 많은가요? 이는 헛된 욕망이 집착을 낳고, 그것이 다시 끝없는 욕심과 죄로 이어짐을 보여줍니다.

디자이어의 상실을 가져오는 두 번째 이유는 바로 '흉내 내기'입니다. 우리 모두는 복사본이 아닌 원본이에요. 각자가 다 유일무이한 주인공이라고요. 신이 우리를 그렇게 만들었으니까요. 지구에 떨어지는 눈송이의 결정체조차 어느 것 하나도 같은 게 없다고 하는데, 하물며 사람은 어떻겠습니까? 각자가 자기만의 독특한 창조성을 지니고 있지 않을까요? 그런데도 웬일인지 많은 사람들이 다른 이의 흉내를 내려고 합니다. 원본인 자기를 내던진 채 복사본이 되려고 하는 거지요. 저는 그 근본적인 원인이 획일성을 강요하는 교육에 있다고 봅니다. 우리나라 교육이 주입식에 개성과 다양성을 용납하지 않는다는 점은 이미 알 만한 사람은 다 알지요. 우리 아이들이 모두 자기 잘난 맛을 알고 그에 취해 살아야 하는데, 교육이 그걸 가로막고 있어요. 그러니 12년을 죽어라 학교를 다녀도 자기의 소질이 무엇인지, 뭘 하고 싶은지조차 알 수 없지요. 그저 부모가 권하는 대로, 선생님이 지시하는 대로 가는 동안 어느새 자기를 잃어버리고 남 흉내만 내게 된 겁니다.

베데스다 연못가의 물음을 기억하라

마지막으로는 경쟁과 비교의 폐해에 대해 말하고 싶습니다. 많은 사람들이 누구를 이기려고 애를 쓰다가, 남보다 더 잘되려고 기를 쓰다가 정작 발견해야 할 자기의 디자이어는 놓치고 말지요. 마치 베데스다 연못가에서 38년을 기다려 온 환자처럼 말입니다.

베데스다 연못은 간혹 천사가 내려온다고 알려진 곳입니다. 천사가 내려온 후 가장 먼저 들어간 자의 병이 치유되기로도 유명한 곳이지요. 다리를 쓰지 못하는 한 환자가 그 소문을 듣고 베데스다 연못으로 옵니다. 그가 정말 원하는 것은 뭘까요? 당연히 병이 낫는 것이겠죠? 그런데 그는 애초의 이 욕망은 망각한 채, 다리를 못 쓰는 자기 대신 남들이 연못에 들어갈 기회를 차지하는 것에만 불만을 품고 원망합니다. 그때 예수가 다가와 묻지요. "네가 낫고 싶으냐?" 그 질문을 통해 예수는 환자의 내면에 잠자고 있는 욕망을 흔들어 깨우려 한 것입니다.

어쩌면 예수는 지금도 생존 경쟁에 시달리다 지쳐 낙담하고 원망하고 좌절해 앉아 있는 우리에게 이렇게 묻고 있는 건 아닐까요? 네가 바라는 것이 무엇이냐, 정말 하고 싶은 것이 무엇이냐, 네가 정말 낫고 싶은가, 행복하길 원하는가 하고 말입니다.

내가 나 되는 것, 오직 그것뿐

여러분, 지구에 와서 내가 해야 할 것은 나의 일입니다. 내 일과 내 전공, 이것 없이 어떻게 삶이 풍요롭고 아름다워질 수 있겠습니까? 일 속에 길이 있고, 진리가 있고, 생명이 있어요. 일이 있어 내가 있고, 내가 있어 일이 있는 것입니다. 설령 내가 지구별을 떠난다 해도 내 일은 계속 남아 이어지지 않습니까?

그러니 하늘이 심어준 씨앗을, 달란트를 찾으십시오. 디자이어를 발견하세요. 나는 무엇을 하고 싶은가, 또 무엇을 잘 할 수 있는가. 이 두 가지를 자기 자신에게 묻고 또 물어 그에 응답하는 내면의 목소리를 들으라고요. 그냥은 안 되지요. 적어도 하루에 한두 시간은 온전히 내가 나 되는 데 할애해야 합니다. 아침에 모닝페이지를 해보고, 산책도 해봅니다. 가만히 앉아 호흡을 알아차려도 봅니다. 또 영적인 독서와 전공 공부도 하고요. 혹시 그럴 시간이 없다고 생각하나요? 밥 한 그릇, 옷 몇 벌 사기 위해 쓸 시간도 부족하다고 여기나요? 하지만 시간은 자기가 쓰기 나름입니다. 시간을 쫓는 대신 내가 시간을 부리는 주인이 되면 됩니다. 더군다나 내가 나 되는 일보다 더 중요한 게 어디 있습니까?

지금 시작하지 않으면 연못에는 들어가지 못하고 자기의 신세를 탓하는 환자처럼 살게 될 것입니다. 그런 사람은 지구별 여행 마치는 날, 땅을 치며 후회하겠지요. 하고 싶은 것도 못 해보고 간다고요. 무엇을 하고 싶은지조차 모르고 산 세월이 아깝다고요. 어때요? 상상하면 끔찍하지 않습니까?

"나는 하고 싶은 것 다 해봤고, 또 최선을 다했다네. 그러니 무슨 후회와 아쉬움이 남겠는가. 다 이루었으니 가볍게 떠나면 그뿐이야."

그래요. 우리 모두 적어도 이런 유언 정도는 남기고 가야겠습니다.

생각을 다룰 때 본성이 살아난다

구원받는다는 것이 무엇일까요? 저는 참된 본성을 회복하는 것이 곧 구원이라고 생각합니다. 잃어버린 하나님의 형상, 신의 의식을 회복해 참나로 돌아가는 것이지요. 성경에 나오는 "사람이 떡으로만 살 것이 아니라 하나님의 입으로 나오는 모든 말씀으로 산다"는 구절은, 쉽게 말해서 사람은 육체에 갇히지 않는 영적 존재라는 말입니다.

그러면 사람의 본성은 또한 무엇일까요? 예수가 이 세상에 왔을 때 천사들이 이렇게 합창을 하지요. 하늘엔 영광, 땅에는 평화, 사람에겐 기쁨. 그래요. 사람의 본성은 기쁨입니다. 여기서 기쁨은

기氣가 뿜어져 나오는 것이에요. 기는 에너지고 힘입니다. 내면에 이 기가 가득 차 있을 때 비로소 인간은 빛을 발할 수 있다는 의미입니다.

기를 뿜어내는 것이 본성

흔히 우리가 사용하는 '기분 좋다!'는 표현은 현재 기의 분배가 원활하게 잘 이루어지고 있음을 드러냅니다. 머리로 갈 기운은 머리로, 가슴으로 갈 것은 가슴으로, 또 배로 갈 것은 배로 제대로 갔기에 기분이 좋은 거예요. 이렇게 꽉 차 있는 기가 골고루 분배되어 순환할 때 터져 나오는 것이 바로 기쁨입니다.

그런데 살면서 늘 기분 좋은 것만은 아니죠? 아니, 기분 나쁠 때가 더 많을지도 모릅니다. 실제로 그렇잖아요. 아침에 일어날 때 더 자고 싶다고 신경질 부리고, 부모님이 잔소리하면 또 듣기 싫다며 화내고, 회사 상사가 일처리 가지고 뭐라고 하면 짜증내고… 안 그렇습니까? 이 모든 것이 내 기가 부족하거나 혹은 기의 분배가 제대로 이루어지지 않거나, 아니면 막혀 있어서 생기는 문제입니다. 그러니 무엇이 원인인지를 정확히 알아내서 그것을 제거해야 하지 않겠습니까?

ALP 프로그램에서 하는 게 바로 이것입니다. 지금껏 내 기의 분배에 안 좋은 영향을 끼쳐온 슬픔, 수치심, 화, 욕구 불만 등의 진짜 원인을 찾아 제거하여, 다시 기가 뿜어져 나오는 본성으로 돌아가도록 하는 게 ALP 프로그램의 목표라고요.

이것은 이론이나 학문 차원에서 되는 것이 아닙니다. 단지 글 몇 줄, 책 몇 권으로 된다면 왜 인류가 고통 속에서 신음하겠어요? 본성의 회복은 일상에서 깨어날 때 가능합니다. 그래서 본성을 회복한 사람은 죽어서 천당 가길 꿈꾸지 않습니다. 지금 여기의 삶을 어떻게 더 아름답고 기쁘고 행복하게 가꿀 것인가에 집중하지요. 구체적인 삶의 기술을 익혀서 바로 지금 이 자리에서부터 실천하는 겁니다. 하늘 저편 어딘가에 있는 천국을 동경하는 것이 아니라 지금 여기를 천국으로 살겠다는 거라고요. 본성을 회복하면 그런 삶이 아주 쉬워져요. 지금 여기가 이미 천국이라는 게, 나 자신이 이미 사랑이고 자유라는 게 보이니까요. 다만 몇 가지 방법과 요령을 익히고 부단히 연습만 하면 됩니다. 그러면 삶이 예술이 되고 작품이 되지요. 그래서 ALP의 모토가 '삶을 예술로, The Art of Life'입니다.

생각이 곧 선악과

여러분, 에덴동산에 살던 아담과 하와 이야기 아시죠? 에덴동산

「선택응답 하는 삶」

'자동반응' 하는 삶에서
'선택응답' 하는 삶으로

이것은 성숙의 증표입니다

반응하는 삶이란
내 인생의 결정권을
다른 사람이나 상황에 넘겨주는 것입니다
이는 식민통치를 받는 것이고
꼭두각시로 사는 것입니다

응답하는 삶은
내 인생의 방황과 질을 내가 결정하여
독립된 자유인으로 사는 것 입니다

선택응답 하는 삶을 사는 이
그가 운명의 주인이자
삶을 책임지는 참 사람입니다

에서 그들은 본성대로 기쁘게 살았습니다. 그런데 선악과를 먹으면서 삶이 바뀌지요. 수치심을 가리기 위해 숨고 두려움 때문에 숨는 삶, 즉 기분 나쁜 삶으로 전락하고 만 겁니다. 이것이 바로 타락입니다. 기쁨에서 기분 나쁜 삶으로 타락하게 한 선악과는 생각을 의미하지요. 지식이고 앎입니다. 다시 말해 생각과 지식과 앎의 세계에 있는 한, 인간은 기분 좋은 삶을 살 수 없는 거예요.

사람은 이 지구에 올 때 존재로서의 나, 순수의식으로의 나에 대한 기억이 상실되지만, 또 한편으로는 아직 세상을 경험하기 이전이기 때문에 에고 역시 형성돼 있지 않습니다. 말 그대로 백지 상태인 거지요. 그런데 서너 살 정도만 돼도 이미 그 상태를 벗어나게 됩니다. 옳고 그름과 맞고 틀림, 좋고 나쁨이 갈라지는 이원성의 세계에 진입하는 것이죠. 초기에 뿌려진 이 생각의 씨앗들은 시간이 흐르면서 싹을 틔우고 가지를 뻗고 꽃을 피우고 열매를 맺습니다. 또 이곳저곳 씨를 뿌려 왕성하게 퍼져나갑니다. 말하자면 생각과 판단과 분별의 선악과를 계속해서 먹는 거예요. 그런데 모든 생각에는 느낌이 달라붙지 않습니까? 생각에 대응하는 느낌이 있어서 어떤 특정한 생각 다음에는 특정한 느낌이 따라온다고요. 우리가 기분이 나빠지는 이유는 이 때문입니다. 어떤 생각과 느낌으로 인해 기의 분배가 헝클어진다는 거지요.

문제는 대부분의 사람들이 자기가 어떤 생각을 하고 있으며 그에 따라오는 느낌이 무엇인지조차 모르고 있다는 거예요. 비만 오

228

면 기분 나쁘다는 사람이 있습니다. 비는 자기 역할에 충실하고자 내리는 것일 뿐이에요. 내 기분과는 아무 상관이 없습니다. 그런데 그 비 때문에 내 기분이 안 좋다니 말이 안 되는 거지요. 그러면 사실은 뭔가요? 그 사람에게 비만 오면 연상되는 어떤 생각이 있는 거겠죠? 그 생각에 따라 나오는 느낌이 우울함이거나 슬픔 같은 종류이기에 기분이 나빠지는 겁니다. 그래요. 자기의 생각과 느낌을 알아차리지 못하면, 생각과 느낌이 일어났다 사라지는 과정을 관찰하지 않으면 이렇게 살게 돼요. 어떤 상황이 주어졌을 때 바로 기분이 나빠지고 불행에 빠지게 됩니다. 그런데 그런 상황은 또 얼마나 많습니까? 누가 길거리에서 어깨만 스치고 지나가도 짜증이 솟구치잖아요?

삶을 결정짓는 한 가지

여러분, 생각은 분명 선악과예요. 그래서 기분 나쁨의 원인이 되지요. 그것이 화날 일이라는 생각, 그 일이 슬픈 일이라는 생각, 그 사람 없이는 불행하다는 생각, 그 물건 없이는 자존심 상한다는 생각…. 그래서 생각을 다루려면 먼저 생각에서 깨어나 사실의 세계로 들어가는 게 필요한 겁니다. 화날, 슬플, 불행할, 등과 같은 수식어를 떼어낼 때 그 일이 그 일 자체로 보이면서 눈이 열리잖아요. 일단 그 눈이 열리면 생각을 골라 쓰기가 쉬워지지요. 존재에 가까운 쪽으로 생각을 선택할 수 있는 겁니다.

연수프로그램을 하고 나서도 무의식중에 '비가 와서 짜증이 나'라고 말할 수는 있어요. 그때 '비가 오는 것이 짜증날 일입니까?' 물음을 던져보는 겁니다. 그러면 '비가 오는 것은 비가 오는 것'이라는 사실을 보게 보지요. 그러면 내가 선택할 수 있는 생각과 느낌의 폭이 넓어져요. 비가 오니 어린 시절 개구리 잡던 생각이 나서 좋다든가, 비가 무더위를 가시게 했다고 생각하니 상쾌하다든가, 비로 인해 꽃밭의 꽃이 싱싱하게 살아났다고 생각하니 아름답다든가, 뭐 많잖아요?

그래서 어떤 생각을 하느냐가 중요한 겁니다. 느낌은 내가 선택하기가 쉽지 않아요. 생각 다음에 느낌이 따라오기 때문이지요. 반면 생각을 다스리면 느낌과 정서의 영역도 함께 다스릴 수 있습니다. 예를 들어 안 좋은 생각을 하는데 유쾌할 수만은 없지 않습니까? 또 좋은 생각, 밝고 긍정적인 생각을 하는데 짜증나고 우울하지는 않잖아요?

수많은 사람이 이 지구에 살고 있지만 사실 별 차이 없습니다. 존재 차원에서 뿐만 아니라 이곳 현상계에서도 그래요. 유일한 차이가 있다면 생각의 차이이지요. 생각을 자유롭게 부리는 사람과, 거꾸로 생각에 끌려 다니는 사람. 혹은 의미와 가치를 내가 선택하고 결정해서 사는 사람과, 입력된 정보와 가치에 의해 휘둘리는 사람.

이렇게 나뉜다 이 말입니다. 전자에겐 자유와 행복이 보장되지만 후자에겐 삶이 불행과 좌절의 연속이겠지요. 한마디로 생각의 차이에 의해 기분 좋은 삶과 기분 나쁜 삶으로 나뉘는 것입니다. 여러분은 어느 쪽을 선택하겠습니까?

생각의 기술, 생활의 예술

생각은 나쁜 것이냐는 질문을 종종 받곤 합니다. 생각의 노예로 살지 말라거나 생각이란 알에서 깨어 나오라는 말을 종종 해서 그런가 봅니다. 물론 생각이 근본적인 한계를 갖는 것은 사실이지요. 생각과 느낌은 인간이 몸을 입고 지구별에 오면서 갖게 되는 것이기에, 이 때문에 대개의 사람들이 지구별 방문과 상관없는 나, 영으로서의 참 나를 잊어버리고, 생각과 느낌을 나로 동일시하며 살아가게 되니까요.

하지만 이 대목에서 놓치지 말아야 할 것이 또 하나 있습니다. 그건 바로 몸을 입고 이곳에 와서 생각과 느낌에 갇혀 봤기 때문에 우리는 나의 본성이 여기나없이있음의 존재임을 인식하게 된다는 것이지요. 집을 나가봐야 다시 돌아올 수 있는 것처럼 말입니다.

더군다나 존재 차원에서 보면 우리들 각자가 하나도 다를 것이 없지만, 이곳 되어감의 세계는 물질계고 현상계이기 때문에 생각을 어떻게 다루느냐가 굉장히 중요해집니다. 생각을 어떻게 다루느냐가 삶을 결정한다고 해도 과언이 아니라는 얘기죠. 생각의 크기, 생각의 높이, 생각의 넓이, 생각의 속도, 생각의 양, 생각의 무게, 생각의 질…. 이런 차이가 바로 사람의 차이를 만들고, 삶이란 작품의 차이를 만든다는 겁니다.

생각을 천사로 만나기

저는 이곳 지구별에서 생각이 갖는 중요성과 가치를 강조하기 위해, 생각에 천사를 붙여 '생각천사'라 부릅니다. 예를 들어 어느 한 생각이 일어났다 사라지면 '아, 이런 천사가 내게 왔다가 가는구나' 하고 알아차리는 겁니다.

오고 가는 생각들을 내가 막을 수 있을까요? 나쁜 생각이라 여기고 막는다고 안 오지 않습니다. 누르면 언젠가는 더 세게 튀어오르게 되어 있어요. 또 좋은 생각이라고 늘 붙잡고 있을 수도 없는 노릇이죠. 일어난 것의 운명은 사라지는 것이니까요. 그러니 가장 좋은 방법은 오고 가는 생각을 그저 바라보는 것입니다. 천사를 맞이하고 보내듯이 그렇게요.

그런데 생각에도 수준이 있듯이 천사에게도 수준이 있습니다. 하나님을 지지하고 보좌하는 가브리엘 천사가 있는가 하면, 호시탐탐 하나님의 자리를 노리며 반항하고 대적하는 천사 루시퍼도 있지요. 마귀는 바로 타락한 천사에 다름 아닙니다. 어둠이 따로 있는 게 아니라 빛이 사라지면 어둠인 것과 마찬가지인 것이죠.

천사들의 수준 차이에 대해서도 역시 성경에 그 힌트가 나옵니다. 야곱이 돌베개를 베고 자다가 꿈을 꾸는 장면이에요. 꿈속에 사다리가 하나 나옵니다. 밑으로는 땅에, 위로는 하늘에 닿아 있는 사다리지요. 그런데 가만 보니 천사들이 그 층계를 오르락내리락 하더라는 겁니다. 저는 이 사다리를 생각의 층계로 봅니다. 나, 즉 존재를 가리는 어둠의 생각들, 나를 노예로 만들려고 덤비는 부정적인 생각들, 즉 루시퍼 같은 천사는 사다리 밑에서 배회하겠지요. 반면 가브리엘 천사처럼 나를 지지하고 보좌해주고 지키려는 생각의 천사들은 위쪽에 있습니다. 그러니 나는 어떤 천사들과 가까이 해야겠습니까?

어떤 생각 천사들을 가까이 할 것인지에 대한 결정권은 전적으로 자기 자신에게 있습니다. 스스로, 그것도 혼자 결정해야 하지요. 이제는 나의 생각과 느낌이 결정하게 하지 말고, 사회적인 기준과 체면이 결정하게 하지 말고, 내가 주인이 되어 선택하고 결정해야 한다는 겁니다. 삶에 응답하고 그에 대해 책임지는 그런 내가 정말 멋지지 않습니까?

하늘에 오를 것인가, 땅에 떨어질 것인가

그런데 이 생각 천사들은 또한 끼리끼리 모이는 속성이 있어요. 그래서 어둡고 저항하고 반항하고 거짓말하는 부정적인 기운을 가진 천사를 일단 들이면, 그와 비슷한 천사들이 꼬이기 시작하지요. 반대로 긍정적이고 밝은 기운을 지닌 천사를 초대하면 그런 천사들만 모이게 되고 말입니다. 이건 사실을 넘어선 믿음의 법칙입니다. 이때의 믿음은 주관적인 신념이나 지식과는 다른 것이지요. 그런 것이 낮은 차원의 믿음이라면 여기서 말하는 것은 4차원의 믿음입니다. 그래서 깨어나 보면 알지요. 행복이든 불행이든 성공이든 실패든 그 모든 일들을 내가 불러들였다는 것을, 내 믿음이 그렇게 만들었다는 것을 말입니다.

자, 이제 어떤 천사들을 초대해야 할지가 명확히 보이죠? 그래요. 여기나없이있음의 존재계로부터 오는 생각들, 그것이 바로 수준 높고 질이 월등히 뛰어난 천사들입니다. 그런 천사와 가까이 할 때 나를 기억하며 살 수 있어요. '이런 내가 좋다. 나의 나됨은 하늘의 은총이다' 하고 선언하며 살 수 있다고요. 빛 가운데 거하게 되는 것입니다.

반면 '저 인간 때문에 내가 힘들어. 그건 정말 화날 일이니 싸우는 건 당연해. 저 가방은 내꺼야' 따위의 생각들은 나를 자꾸만 땅으로 끌어당기는 질 낮은 천사들이지요. 이런 루시퍼 같은 천사들과 계속 관계하면 어떻겠어요? 시기와 질투와 경쟁과 갈등, 슬픔과 분노 속에서 살게 되겠지요. 그리하여 하늘까지 닿기는커녕 사다리를 반쯤 오르지도 못한 채 땅에 떨어지고 말 것입니다.

여러분, 매일매일 내가 어떤 천사들을 부르고 있는지, 늘 만나는 천사하고만 어울리고 새로운 천사는 기피하고 있지 않은지, 이미 내 곁에 와 있는 천사들을 어떻게 맞이하고 보내는지 잘 살피십시오. 그것이 내가 나를, 내가 신을 대하는 태도를 결정합니다. 삶의 질이 그에 따라 달라질 것입니다.

판단과 비난, 일단 정지!

위대한 것은 말로 설명할 수가 없습니다. 하나님, 신, 영혼, 그리고 사랑도 그렇지요. 이런 것은 알려고 들면 안 돼요. 단지 경험할 수만 있을 뿐입니다. 언어가 아닌, 머리와 논리가 아닌 경험으로 아는 거지요. 그것도 경험한 만큼만 아는 것이지 전부를 알 수는 없는 겁니다.

그런데 보통 사람들은 경험하길 두려워합니다. 이는 변화에 대한 두려움입니다. 경험하면 변하지 않을 수 없기 때문이지요. 변화가 무엇입니까? 내가 여태껏 알아온 것이 거짓 내지는 별 볼 일 없는 것임을 고백하는 것 아니겠습니까? 그런데 사람들은 대개 자신의 생각과 판단이 옳다는 평가를 받고 싶어 하므로, 그에 역행하는 일을 하는 데는 웬만한 용기와 배짱이 아니면 안 되는 겁니다. 그래서 경험하고 변화하길 꺼려하는 것이지요.

직시하는 눈으로 보라

프로그램 중에 보통은 아침 체조를 마친 후에 산책을 합니다. 그때 이렇게 안내가 나갑니다. "처음 보듯이, 두 번 다시 못 볼 듯이 봅니다. 그런 눈으로 주변의 나무를 보고 풀을 보고 새를 보고 하늘을 보십시오."

판단과 분별함 없이 보라는 것이지요. 기억으로 보지 말고, 자기 마음을 그에 투사하지 말고 보라는 것입니다. 들국화가 피어 있습니다. 아이가 꽃을 가리키며 이게 뭐냐고 물으니 엄마가 대답합니다. "그건 들국화란다." 그 후로 아이는 그 꽃을 발견할 때마다 "들국화"라고 외치기 시작하지요. 그러면 엄마는 우리 애가 기억력이 좋고 똑똑하다고 칭찬하고요. 우리가 이 땅에 살기 위해서는 물론 사물의 이름을 기억할 필요가 있고 지식과 정보를 축적해야 할 이유가 있습니다. 하지만 아이가 과연 매 순간 자기 앞에 놓인 들국화를 본 것일까요, 아니면 예전에 엄마가 알려준 그 들국화를 기억하는 것일까요? 그래요. 기억을 보고 있는 것일 뿐입니다. 아이는 이미 있는 그대로 그것을 보는 법을 잊은 거지요.

무엇이든 이런 눈으로 보고 있다고 생각하면 좀 끔찍하지 않습니까? 사람을 만나도 그 사람을 만나는 것이 아니지요. 사랑을 경험해도 지금 이 사랑을 경험하는 게 아닐 겁니다. 신을 안다고 하지만 그건 자기 생각 속의 신일 것이고요. 그래서 성경은 이런 말씀을 우리에게 전해줍니다. "남을 심판하지 마십시오. 그것은 여러분이 심판 받지 않도록 하려는 것입니다."(마태복음 7:1)

내가 누구를 판단하고 분별하는 것은 사실과는 아무런 상관이 없습니다. 사실에 대한 나의 생각이고 느낌이고 기억일 뿐, 사실 자체는 아니라는 거지요. 그런데 진정한 사랑을 하기 위해서는 사실을 사실 그대로 보는 눈을 가져야 한다는 겁니다. 곧 직시直視하는 눈, 하나를 하나로 보는 눈, 성한 눈, 밝은 눈이 그것입니다. 이는 우리의 의식이 깨어날 때 가능하지요. 깨달은 눈으로 볼 때 사랑은 저절로 내 안에 가득 찹니다. 모든 것이 감사하고 고맙고 은혜라는 고백이 나와요.

사랑을 위한 연습

한때는 그 사람 없인 한시도 못 살 것 같았는데, 어느 날 그 사람의 어떤 행동을 보거나 혹은 과거사를 들은 후로 그 사람이 전과 달라 보이고 멀게 느껴지며, 심지어 아주 싫어지기까지 했던 경험이 다들 있지요? 그렇다면 그 사람을 사랑했다고 보기 어렵습니다. 그 사람의 어떤 것, 그 사람에 대한 무엇을 사랑한 것일 뿐이죠. 그 사람과는 상관없이 내가 좋아하는 어떤 요건을 그가 갖고 있기에 사랑했다는 결론이 나옵니다.

자, 그러면 이 자리에서 진정한 사랑을 시작하기 위한 훈련을 한 번 해봅시다. 안내에 따라 각자 적어 보십시오. 그러면 뭔가 변화가 생길 것입니다.

하나. 너무 싫어서 함께 일하기조차 힘든 사람,

너무 미워서 같이 살기 어려운 사람을 찾아

이름을 적어 봅니다.

둘. 그와 관련하여 내가 싫어하고 미워하고 힘들어하는 것이

무엇인지 종이 위에 하나씩 적어 봅니다.

그 기록을 보고 또 본 다음, 자기가 쓴 내용을 넣어서

이렇게 스스로에게 물어봅니다.

그는 정말로(예: 게으르고, 이기적이고, 욕심이 많고, 거짓말쟁이고,

교만하고…) 합니까?

셋. 내가 그를 그렇게 판단하고 비난한 꼬리표들이

과연 사실입니까? 아니면 나의 생각 내지는 느낌입니까?

이에 대해 분명하고 솔직하게 글로 적어 봅니다.

이때 마음에 저항이 생기거나 몸에 어떤 반응이 오더라도 멈추지 마십시오. 마치 과학자가 객관적인 태도를 견지하며 대상을 탐구하듯이 사실이 무엇인지 객관적으로 바라보아야 합니다.

넷. 이번엔 이렇게 질문을 하고 그에 대한 솔직한 답을 적어 봅니다. 내가 찾아낸 그의 결점들, 내가 싫어하고 미워하고 힘들어하는 그의 모습이나 행동들은, 그 자체가 문제라기보다는 어쩌면 무의식 중에 내게 입력된 정보, 혹은 어릴 때 부모나 선생님 등 사회 문화적인 배경으로부터 학습된 것에 의해 문제로 보이는 것은 아닌가요?

다섯. 그래도 도저히 지워지지 않는 결점이 있다면, 그 사람도 무의식중에 입력된 정보에 의해, 혹은 어린 시절에 학습된 내용에 의해 그렇게 하는 것이지, 하고 이해하는 마음을 가져 봅니다.

만약 그래도 이해가 안 된다면, 이해를 못하고 있는 나를 이해하도록 합니다.

여섯. 마지막으로 그의 결점이나 약점만을 보던 나의 눈을 돌려, 그의 장점과 밝은 면을 찾아봅니다.

그리고 그것을 하나씩 써 봅니다.

이는 더 이상 가시가 아닌 장미꽃을 보는 연습입니다.

결심 없이 이루어지는 기적

연습 없이 사랑하려는 것, 훈련 없이 행복하게 살려는 것은 도둑의 심보입니다. 그러니 계속해서 판단과 비난을 일단 정지시키는 연습을 하세요. 이는 '이제 판단을 멈추자!'와 같은 결심이나 구호로 되는 것이 아닙니다. 그것 또한 판단하지 말아야 한다는 판단이기 때문이지요. 판단을 멈추는 길은 오직 하나예요. 그건 바로 사실을 사실 그대로 보는 원리를 알고 그대로 이행하는 것입니다. 있는 그대로 잘 보고 잘 들으면 판단이나 분별은 봄볕에 눈 녹듯이, 햇살에 안개가 걷히듯이 사라지지요.

이는 비단 타인에게만 적용되는 것이 아닙니다. 가장 위험한 것은 오히려 자신에 대한 판단과 비난으로 스스로를 괴롭히는 일이니까요. 나 자신이 게으르고 교만하고 무식하고 화를 잘 내서 너무 싫다고요? 창피하고 수치스럽다고요? 그런 비난의 화살을 다 내려놓고 그냥 바라봐 주십시오. 그러면 있는 그대로의 자신을 이해하고 수용하고 사랑하게 됩니다. 나아가 내 존재 자체가, 내 눈빛과 숨과 걸음과 표정 자체가 사랑임을 알게 되지요.

그렇게 자신을 조건 없이 사랑하게 될 때, 비로소 남과도 진정한 사랑을 나눌 수 있습니다. 사랑해야겠다는 에고의 의지가 아닌 하늘로부터 내려오는 사랑의 기운을 받아 저절로 사랑하게 되는 기적이 시작되는 겁니다.

소원을 이루는 초점의 원리

1월 1일을 설이라 합니다. '서다'라는 단어에서 온 설이고 '낯설다'고 해서 설입니다. 새로 시작하는 출발선에 설 때 우리는 낯설음을 느끼지요. 그 낯설음의 세계를 딛고 내가 다시 사람으로 서보겠다고 다짐하는 명절이 설이 아닌가 합니다. 이를 독려하고 격려하기 위해 덕담을 나누는 것이고요.

설에 어른들이 들려주는 덕담 중에서도 가장 일반적인 것은 뭐니 뭐니 해도 '소원 성취하라'는 말입니다. 비단 설뿐만은 아니지요. 교회에 다니는 분들은 새벽예배에 나가서, 절에 다니는 분들은 불공을 드리면서 날마다 소원 성취를 빕니다. 자기 자신과 가족,

나아가 국가와 민족의 소원까지도요. 그런 점에서 소원 성취는 우리 모두의 바람이자 기도라 해도 과언이 아닐 것입니다.

소원 성취, 진짜 사람이 되는 것

소원 성취가 무엇인지 보여주는 기도 구절이 있습니다. '하늘에서 이루어진 것 같이 땅에서도 이루어지이다.' 이는 하늘, 즉 여기 나없이있음의 절대계, 그 완전한 세계가 이곳나되어감의 무대인 땅에서도 그대로 이루어지는 것을 의미하지요. 그러니 이것이야말로 가장 이상적이고 아름다운 세계의 현현이 아니겠습니까?

이는 곧 진짜 사람이 된다는 말과도 통합니다. 사람을 한자로 하면 인간人間이지요. 사람과 사람 사이를 관계하는 것이 바로 사람이라는 겁니다. 그 관계를 잘 하려면 어때요? 시간과 공간을 알아야지요. 때와 장소를 알아야 해요. 이곳에서 사람은 시공간의 영향을 받으며 살아가니까요. 그래서 이를 그림으로 표현하면 이렇게 되는 겁니다.

삼위일체란 이 시간, 공간, 인간이 어우러진 것을 의미하는 말입니다. 단지 기독교 교리가 아닌 삶의 원리요, 사람 되는 법칙인 것이지요. 그러면 이 셋을 연결해서 그린 원은 뭘까요? 원만圓滿입니다. 둥그렇죠? 어느 시간과 장소에든 열려 있고 누구와도 통합니

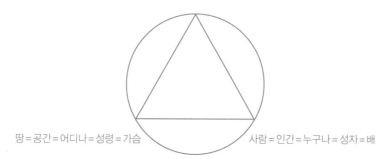

하늘＝시간＝언제나＝성부＝머리

땅＝공간＝어디나＝성령＝가슴　　　　　　사람＝인간＝누구나＝성자＝배

다. 그래서 오고 감이 자유로운 사람이에요. 그런 사람이 원만한 사람입니다. 성공은 바로 이들의 몫이지요.

저는 삼위일체의 원리대로 원만한 삶을 구현한 사람의 모델로 예수를 꼽습니다. 그분이 이곳 지구별에서 마지막 숨을 내쉬면서 한 말씀이 "다 이루었다"입니다. 소원을 이루었다는 얘기예요. 하늘에서 그러하듯 땅에서 이루었다는 거지요. 진짜 사람이 되어 원만한 삶을 살다 갔다는 겁니다. 당신 스스로만 그렇게 살다갔나요? 아니에요. 본인이 그렇게 살아감으로써 남에게도 소원을 이루는 법을 가르쳐 주었습니다.

주파수와 초점을 하늘에 맞추기

무엇보다 예수는 언제나 '아버지의 뜻이 무엇일까, 아버지께서 뭐라고 말씀하시는가?'에 초점을 맞추었습니다. 주파수를 하늘에 맞추어 그로부터 받은 빛과 힘을 자기를 통해 세상으로 흘려보낸 것입니다. 이런 사람을 막대자석으로 비유해 그림으로 표현하면 아래와 같습니다.

하늘은 세상을 향해 뭔가 주려고 합니다. 그것이 곧 +기운, 즉 은총이지요. 그 +기운을 잘 받으려면 내가 하늘을 향해 어떤 상태를 유지해야겠어요? 그렇죠. −상태로 있어야 하는 겁니다. 그래야 하늘의 +기운이 자연스럽게 내게 스며들어 세상을 향해 흘러갈 수 있습니다. 그것을 통해 세상이 변화되는 것이고요.

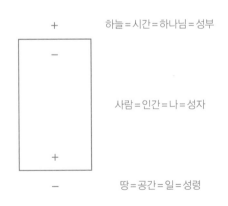

```
+        하늘=시간=하나님=성부
−

         사람=인간=나=성자

+

−        땅=공간=일=성령
```

그러면 이번엔 아래의 그림을 통해 반대의 예를 볼까요?

　아까와는 반대로 막대자석이 거꾸로 서 있죠. 하늘을 향해 +상태로 있습니다. 이는 하늘에 대항하는 자세예요. '예' 하고 순응하는 태도가 아니라고요. 그러니 하늘이 주는 기운과 은총을 못 받습니다. 대신 땅으로부터, 세상으로부터 기운을 충당하려고 하니 아래가 ―상태가 되지요. 이런 삶의 태도와 자세를 유지하면 시간이 흐를수록 하늘로부터는 멀어지고 세상에만 밀착됩니다. 세상의 가치에, 육체와 생각과 느낌에 내가 고착되는 것이죠. 이것이 극단적으로 치달으면 각종 중독에 빠지게 돼요. 사랑과 은혜와 지복의 기운이 고갈되니까 술과 섹스, 도박과 게임 등 내게 일시적인 쾌락을 선사하는 것들에 의존한 결과입니다.

내 막대자석은 어디로 향해 있나

이 초점의 원리와 관련하여 여러분이 기억해 두어야 할 몇 가지 사항이 있습니다.

첫째는, 내가 현재 바깥을 향해 비난하고 모함하고 정죄하고 있다면 내 초점이 잘못 맞춰져 있음을 알아차려야 한다는 것입니다. 내 안에 갈등이 없고 싸움이 없으면 바깥의 다른 사람과 싸울 일이 없고 어떤 일이 닥쳐도 평온함을 유지할 수 있습니다. 내 안에 들보가 있어 상대의 티끌이 보이는 것이지요. 그러니 나의 주변이 늘 시끄럽고 혼잡하고 다툼이 끊이지 않는다면 내가 하늘에 대항하고 있다는 것을 알고 초점을 다시 맞춰야 합니다.

둘째는, 바깥에서 들어오는 비난과 험담과 모함에 반응하지 말라는 것입니다. 어디서건 무엇을 하건 남의 판단과 분별, 그에 따른 비난을 완전히 피하고 살 길은 없습니다. 스스로 불행한 사람일수록 주변도 같이 불행해지기를 바라기 때문이지요. 그래서 남까지 어둠 속으로 끌어들이려 하는 겁니다. 그러니 내가 그에 일일이 대응하고 반응할 필요가 있을까요? 없지요. 아니, 정확히 말하면 그런 반응에 집착할수록 내 초점은 세상을 향하게 된다는 겁니다. 거꾸로 선 막대자석처럼 하늘로부터 점점 멀어지고 세상에 고착되어 간다고요. 나를 비난하고 헐뜯은 이들과 같은 길을 걷게 되는 거지요. 본질인 참나가 아닌 비본질인 에고로서, 존재에 기반한 삶이 아닌 세상에 속한 삶을 살아가게 된다는 얘기예요. 이를 다시 그림으로 묘사하면 아래와 같습니다.

그러면 나라는 막대자석이 잘못 서 있음을 알았을 때, 어떻게 그것을 돌려놓을 수 있을까요?

우선은 그동안 자기와 세상을 연결하고 있던 단단한 고리를 끊어야 합니다. 이를 '일단정지'라고 하지요. 늦게 일어나는 게 생활화 되어 있다면 그것을 일단 정지하고 일찍 일어나는 습관을 들이는 겁니다. 매일 만나 술 마시고 게임하며 어울리는 친구들이 있다면 그들과의 관계를 일단 정지하고 혼자 있어보는 거예요. 얼굴 표정이 늘 심각하다면 그것을 일단 정지하고 웃는 표정을 연습하고요. 또 폭식과 과음을 일삼고 있다면 그것을 끊기 위해 단식도 해보는 겁니다.

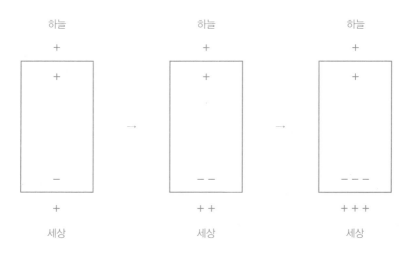

이와 같은 작업은 혼자 하기 힘들 수 있습니다. 세상과의 연결이 단단했던 사람일수록 더 힘들지요. 그런 사람은 다른 사람이나 스승, 그룹, 혹은 기관의 도움을 받아야 합니다. 살림마을에 〈그린스쿨 100일 삶의학교〉를 만든 이유도 그 때문이지요. 그동안 생활했던 공간, 만나오던 사람들을 떠나야만 '일단정지'가 가능한 사람들을 돕기 위해 장기 프로그램의 시스템을 구축해 놓은 겁니다.

어떤 형태로든 일단 정지하는 작업을 통해 자기 일상을 재정비하면, 위의 그림에서 보듯이 거꾸로 섰던 막대자석이 저절로 돌게 되어 있습니다. 세상과의 고리를 끊어냄으로써 전극이 움직이도록 한 것이죠. 그러면 다시 하늘로부터 기운을 받고, 그 은총을 땅에 돌려주는 사람으로 거듭나게 됩니다.

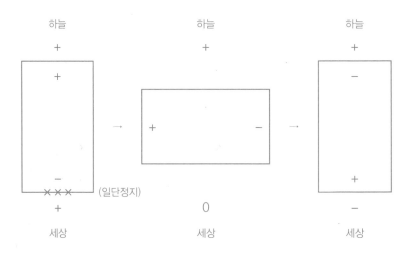

메신저로서 디자이어를 실현하라

내 삶의 초점이 본래로 돌아간 것. 이것이 곧 회복이고 회개입니다. 이 과정을 거쳐야만 우리는 하늘의 빛과 힘을 받아 세상에 전해주는 메신저로서의 삶을 살 수 있고, 그럴 때 진짜 사람이 되어 성공할 수 있습니다.

하지만 이것은 큰 전제이자 출발선이지요. 실제적인 성공을 이루기 위해서는 좀 더 구체적인 방안들이 필요합니다. 먼저 자기가 무엇을 잘 하고 잘 할 수 있는지, 하늘에서 받아온 디자이어가 무엇인지 아는 것이 필수이지요. 원하지도 않는 일에서 성공해봤자 그것은 껍데기이자 꼬리표 밖에 안 될 테니까요. 그리고 디자이어를 발견했다면 자기의 현재 수준과 위치를 파악한 후 구체적인 목표를 세우는 것이 중요합니다. 그다음부터는 아주 쉬워요. 현재 위치가 파악되고 목표가 정해져 있으니 이제 그 길을 따라 걸어가기만 하면 되니까요. 성공이 눈에 보이는 거지요.

여러분, 산다는 것은 악기를 다루는 것과 비슷합니다. 악기는 사용해야 수명이 오래가잖아요. 또 관심과 애정으로 잘 살펴서 조율도 해줘야 하고요. 우리의 영적인 생활도 마찬가지입니다. 내가 어디로 향하고 있는지, 주파수를 어디로 맞추고 있는지, 하늘이 준 소질과 재능을 묵히고 있진 않는지, 현재 수준과 위치 파악을 정확하게 하고 있는지, 목표는 분명하게 정했는지, 행동 계획은 잘 실

행하고 있는지… 이런 것들을 늘 살펴 점검하고 조율할 때 비로소
진짜 성공을 누릴 수 있지요. 하늘의 메신저로서 나의 디자이어를
실현하여 이 세상을 더 아름답고 풍요롭게 만들 수 있는 것입니다.

철부지 아닌 철인으로 살기

늦서리 맞던 매화 지고 노란 산수유 꽃봉오리가 하나씩 터지기 시작하면 사람들이 말합니다. "와, 이제 봄이 왔네!" 그런데 정말 겨울이 가면 봄이 오고, 봄이 가면 여름이 오는 걸까요? 춘하추동 春夏秋冬이 각각 따로 있어 순서대로 오고가는 것일까요? 아니지요. 사계절은 한 몸입니다. 각각 분리된 것이 아니라는 거예요. 다만 변할 뿐이지요. 봄이 변하여 여름이, 가을이 변하여 겨울이 되는 겁니다. 그렇다고 아무 때나 변하지는 않지요? 그래요. 변화에는 다 때가 있습니다. 봄이 제 노릇을 다 했을 때 여름으로 변하고, 여름이 충분히 익고 익었을 때 또 가을로 변하는 것이지요.

봄여름가을겨울. 때, 곧 시간성을 의미합니다. 이곳 지구별은 시간성을 지니고 있어요. 그러니까 우리가 여기없이있음의 존재계에서 이곳되어감의 세계로 왔다는 것도 역시 시간의 영향 하에, 시간성을 지니고 살아야 함을 뜻하지요. 그러므로 이곳에서의 삶에서는 때가 참 중요해요. 때를 아는 것이야말로 사는 데 꼭 필요한 지혜요, 나아가 이 땅에서 나의 소원을 이루고 나를 보낸 하늘에도 영광을 돌리는 길입니다.

모든 일엔 때가 있다

성경에서도 때를 분별하는 것을 지혜라 칭송합니다. 반대로 때를 분별하지 못해 바로 '그 때'를 살지 못하는 것을 악으로 규정하지요. 하나님이 누구에게나 때와 기회를 주었는데 눈과 귀가 멀어 그것을 살리지 못하니 그게 바로 악이고 죄라는 겁니다. 때와 관련한 말씀이 실려 있는 전도서 3장을 보겠습니다.

> 모든 일에는 다 때가 있다.
> 세상에서 일어나는 일마다 알맞은 때가 있다.
> 태어날 때가 있고, 죽을 때가 있다.
> 심을 때가 있고, 뽑을 때가 있다.

죽일 때가 있고, 살릴 때가 있다.

허물 때가 있고, 세울 때가 있다.

울 때가 있고, 기뻐 춤출 때가 있다.

돌을 흩어버릴 때가 있고, 모아들일 때가 있다.

껴안을 때가 있고, 껴안는 것을 삼갈 때가 있다.

찾아 나설 때가 있고, 포기할 때가 있다.

간직할 때가 있고, 버릴 때가 있다.

찢을 때가 있고, 꿰맬 때가 있다.

말하지 않을 때가 있고, 말할 때가 있다.

사랑할 때가 있고, 미워할 때가 있다.

전쟁을 치를 때가 있고, 평화를 누릴 때가 있다.

(전도서 3:1~8)

야구 좋아하는 분들은 적시타라는 말을 들어 보았을 겁니다. 자기편 선수를 홈으로 불러들이는 안타를 말해요. 똑같은 안타라도 적시타는 팀이 승리하는 데 더 큰 기여를 하지요. 그러니까 적시타는 '바로 그 때'를 놓치지 않고 날리는 안타인 겁니다.

어느 마을에 농부가 있어요. 일을 굉장히 열심히 하는 부지런한 사람입니다. 하지만 그가 만약 봄이 아닌 가을이나 겨울에 씨를 뿌린다면 어떻게 될까요? 그것이 제대로 자라 열매를 맺을 수 있을까요? 부지런할지는 모르나 그 농부는 언제 씨를 뿌리고 언제 거

뒤야 할지를 모르는 거지요. 이런 사람을 때를 모르고 철이 안 났다 하여 철부지哲不知라 합니다. 반면 때를 잘 알아 철이 든 이는 철인哲人이라 불리죠.

사는 것도 이와 같습니다. 만약 우리가 때를 모른다면 삶이 제대로 돌아가기 힘들지요. 투자해야 할 때와 그러지 말아야 할 때를 분별하지 못하면 망하기 쉽습니다. 공부해야 할 때와 돈 벌 때를 구분하지 못하면 인생이 아주 혼란스러울 수 있어요. 반면 적시적소適時適所, 즉 알맞은 때와 알맞은 장소에서, 그에 가장 알맞은 사람이 되면 시간 장소 인간의 삼위일체를 일상에서 실현할 수 있지요. 모든 일엔 제 때가 있고, 그 때를 아는 것이 그만큼 중요하다는 얘깁니다.

춘하추동의 흐름이 도의 길

왕양명의 제자가 스승에게 도道가 무엇이냐고 묻자 왕양명이 이렇게 대답했다고 합니다. "도란 고단하면 자고, 배고프면 먹는 것일세." 그렇습니다. 도는 쉽고 간단해요. 자기에게 지금 필요한 게 무엇인지, 지금이 무엇을 해야 할 때인지 아는 것이지요. 그래서 도인의 생활이 아침에 일어나 낮에 일하고 저녁에 잠자는 것 아니겠습니까? 아주 단순하지요. 군더더기가 하나도 없어요. 이를 일

년으로 확장해 보면 봄에는 씨앗을 뿌려 준비하고 여름에는 땀 흘리며 일하다가 가을에 거두어들인 뒤 겨울에 쉬는 겁니다.

인생도 이와 같습니다. 하루를 사나 일 년을 사나, 아니 백 년을 살아도 같아요. 요즘은 수명이 길어졌으니 80세까지 산다고 치면 이렇습니다. 20대 초반까지는 봄이에요. 인생을 준비하는 기간입니다. 학교 다니고 공부하면서 미래를 준비합니다. 대학을 졸업하고 자기 밥벌이를 하는 20대 후반부터 30, 40대는 여름이지요. 자기 전공을 잡아서 전문가가 되는 기간입니다. 가장 열심히 뛰고 일하는 때예요. 그다음 50, 60대는 거두어들이는 가을이지요. 직장을 다니든 사업을 하든 아니면 예술가가 되었든, 자기 일에서 오를 수 있는 최고의 자리에서 서서히 은퇴를 준비하는 시기입니다. 가정에서도 그렇죠. 할아버지 할머니 되어 자식 세대에게 집안의 중심 자리를 물려주는 때라고요. 그러다 서서히 겨울을 맞이하여 충분히 쉬어주다가 이곳에서의 삶에 막을 내리는 겁니다.

대자연의 이치는 말할 것도 없거니와 소우주인 나를 보아도 이처럼 '깨어 일하다 먹고 자는' 춘하추동의 시간성을 벗어나서는 살수가 없어요. 그러니 그 때를 잘 알아서 거역하지 않고 사는 것, 잘 활용해서 사는 것이 우주의 섭리대로 사는 게 아니고 무엇이겠습니까? 그러니 일어날 때 일어나고, 먹을 때 먹고, 일할 때 일하고, 잠잘 때 자세요. 책 읽을 때 책 읽고, 기도할 때 기도하시라고요. 이것이 바로 도의 길을 가는 것입니다.

의도, 바람, 기대를 다 내려놓고

한 제자가 스승한테 찾아가 묻습니다.

"선생님은 언제나 행복하고 즐거우십니까?"

"그렇지!"

"어떻게 그럴 수 있습니까?"

"나는 밥 먹을 때는 밥만 먹고, 일할 때는 일만 하고, 놀 때는 놀기만 하고, 잠잘 때는 잠만 잔다네."

"저도 밥 먹을 때 밥 먹고, 일할 때 일하고, 놀 때 노는데 왜 행복하지가 않죠?"

"그건 말이야, 자네는 일할 때 쉴 생각만 하고, 놀 때 일 걱정하고, 잠잘 때 꿈을 꾸어서 그런 게지…."

그래요. 밥을 먹을 때 그 맛과 색깔과 향기 하나하나를 다 음미하며 먹는 사람이 과연 몇이나 될까요? 아무런 대가도 바라지 않고, 기대와 보상심리도 없이 일 자체에 몰입하여 즐기는 사람은 또 몇이나 되겠습니까? 현대인의 대부분은 심지어 놀 때도 놀지를 못하지요. 취미로 그림을 그리거나 노래를 부르면서도 머리엔 온통 다른 것들로 차 있고 마음은 다른 데 가 있는 것입니다.

사랑은 또 어떤가요? 여러분은 사랑할 때 진심을 다해 사랑하고, 슬플 때 가슴 깊은 곳까지 내려가 슬퍼합니까? 혹시 대충대충 하는 건 아닌가요? 그래서 그때 그 사랑이 준, 그때 그 슬픔과 분노와 수치심이 준 메시지들을 충분히 만나지 못한 건 아닐까요?

때는 나의 의도와 상관없이 옵니다. 내가 배고파야지 해서 밥 먹을 때가 오는 건 아니잖아요. 사랑해야 하는데, 해서 어느 날 사랑이 오는 건 아니라고요. 일도 그렇죠. 내 적성에 꼭 맞는 일이 주어지길 원한다고 해서 어디 그렇게 된답니까? 회사 들어가면 상황에 따라 이 일 저 일 가리지 않고 해야 할 때가 옵니다. 여러분, 이 점을 명심하세요. 때를 분별하라는 말은 이미 오고 있거나 와 있는 때, 그것의 좋고 나쁨을 결정해 피하거나 집착하라는 의미가 아닙니다.

예를 들어 내가 한 회사의 최고경영자라고 칩시다. 열심히 일해서 회사를 정상의 자리에 올려놨어요. 하지만 나이 칠팔십이 되도록 내가 그 자리에 있어서는 곤란하잖아요? 시대가 변하고 상황이 변하고 때가 변합니다. 그러니 변화에 적합한 사람에게 자리를 내주고 나는 또 다른 내 인생 살아야 하는 거지요. 언제가 물러날 때인지는 본인이 가장 잘 알아요. 안팎으로 징후가 나타나게 돼 있지요. 그런데 변화의 징후들을 무시하고, 최고경영자 자리에 있을 때가 좋다고 움켜쥐려 하면 종국엔 어떻게 돼요? 회사도 망하고 나도 추해지는 겁니다.

그러니 때를 분별하기 위해서라도 우리는 내게 오는 모든 때가,

나의 바람과 기대와 의도와는 상관없이, 다만 내게 필요해서 오는 것임을 인정해야 합니다. 그래야 그 때에 충실하고 그로부터 우주가 주는 교훈을 얻을 수 있지요. 때란 결국 내가 지금 이 순간 그것을 경험할 필요가 있기 때문에 우주가 만들어 주는 기회이니까요. 일단 내 의도와 기대와 바람을 다 내려놓고 때를 만나면 그에 몰입하고 충실하는 것이 어렵지 않지요. 그러면 때가 음미되고, 음미되면 그 때를 즐길 수 있습니다.

지금 이 순간은 이래야 할 때

아주 멋진 성경 말씀 한 구절 보겠습니다. 요한복음 12장 27절입니다. "지금 내 마음이 괴로우니 내가 무슨 말을 해야 할까? 아버지 이때를 벗어나게 하여 주십시오 하고 말할까? 아니다. 내가바로 이 일을 위하여 이때에 왔구나!"

그렇습니다. 지금 이 순간은 이래야 할 순간, 이래야 할 때입니다. 그것을 바꿀 수는 없어요. 바꿨다고 생각할 수는 있지요. 하지만 그것은 착각입니다. 겨울바람 피해서 온실에 들어갔다 한들 그것으로 겨울이라는 때 자체를 바꿀 수 있나요? 아니죠? 기껏해야 온실인 겁니다. 문을 열자마자 겨울바람이 다시 나를 강타하지요. 마찬가지예요. 설사 잠시 잠깐 힘든 때를 거부하고 피한다고 해도 언젠가 또 경험하기 마련입니다. 모든 일은 가장 알맞을 때 찾아오기 때문이에요. 그러니 반갑게 맞이하여 그 때를 충분히 경험하는 것이 가장 현명한 태도입니다. 내게 좋은 때라 해서 붙잡으려 말고 힘든 때라 해서 피하려고 하지 말라는 거예요. 영원한 때는 없으니까요. 다만 우리는 하나의 때를 경험하고 그것이 사라지면 또 다른 때를 경험하는 것뿐입니다.

여러분, 이 세상은 나타남과 사라짐의 세계예요. 때가 되어 나타나 때가 되어 사라지는 원리에 의해 돌아가는 세계라고요. 공룡을 비롯해 수많은 동식물이 이미 나타났다 사라졌습니다. 또 봉건주의에서 공산주의에서 자본주의로, 또 고전주의와 낭만주의와 사실주의를 거쳐 포스트모더니즘으로…. 그렇게 나타났다 사라지는 속에서 변화를 거듭합니다. 때도 변하고 상황도 변하고 그리하여 삶도 변하는 것이지요. 그러니 특정한 때에 집착하고 두려움을 갖는다는 것이 얼마나 어리석습니까?

이와 같은 때의 원리를 이해하고 수용하여 삶에 적용시키는 사람은 모든 때가 기쁘고, 그 때에 일어나는 모든 일이 감사합니다. 우주가 나를 위해 세팅해 준 것이니 왜 안 그렇겠어요? 그렇게 살다가 돌아갈 때가 되어 또 기쁘고 감사한 마음으로 "예" 하면 그뿐입니다. 그래요. 이 지구별에서의 인생이란 그것뿐이지요. 그것이 최고의 도고 깨달음이고 천국입니다.

나라는 악기 조율법

붓다가 몇 명의 제자와 함께 곡기를 끊고 씻지도 않는 등의 혹독한 고행을 하고 있을 때의 일입니다. 여느 날처럼 그날도 나무 밑에서 가부좌를 틀고 앉아 정진 수련을 하고 있는데, 가까이 흐르는 강 위로 배 한 척이 지나가더랍니다. 마침 그 배에는 현자와 그의 제자들이 타고 있었지요. 현자는 비파를 뜯으며 노래를 하다가 제자들에게 이런 말을 들려주었습니다. "이 악기가 제대로 소리를 내려면 현을 너무 조여서도 안 되고, 그렇다고 너무 느슨하게 해서도 안 되네. 적당히 조여야 이렇게 맑은 소리를 내는 법이야."

이를 듣고 있던 붓다가 그 순간에 무릎을 치더니 고행을 멈추었다고 합니다. 고행은 현을 너무 조이는 것임을 비로소 자각한 것이지요. 그런 방법으로는 궁극적인 해탈에 이를 수 없음을 안 것입니다. 바로 이것이 그 유명한 '중도'의 깨달음입니다.

너무 팽팽하지도, 느슨하지도 않게

악기의 현을 너무 팽팽하게 당기면 끊어지고, 반대로 너무 느슨하게 하면 소리가 나지 않는다는 것. 생각해 보면 참 단순한 이치죠? 그래요. 진리는 단순합니다. 하지만 머리로는 이 단순한 진리를 알고 공감할지언정, 정작 마음은 극단으로 치닫기 일쑤지요. 생각과 감정이 좌로 치우치고 우로 치우치는 속에서 골병드는 사람이 많다 이겁니다. 중도와 중용의 길을 가지 않아서이지요. 그러니 그가, 그의 삶이 제 소리를 낼 수 있겠습니까?

악기가 제 소리를 내도록 현의 상태를 점검하여 적절하게 매만지고 유지하는 것을 '조율'이라 합니다. 영어로는 튜닝tuning, 혹은 어튜먼트attunement라고 하지요. 그런데 악기만 조율이 필요한 게 아니에요. 사람에게도 조율이 필요합니다. 현재 내가, 나를 보낸 우주와 신의 의도에 맞게 잘 쓰일 수 있는 상태인가를 항상 점검하고 관리해야 한다는 얘기지요. 너무 팽팽하게 긴장해 있으면 사람이 어때요? 융통성도 없고 신경질적이고 늘 심각합니다. 한마디로 문제를 쌓아놓고 사는 유형입니다. 반면 너무 느슨한 사람은 무기력해 보이고 활기가 없습니다. 제 소리를 못 내고 축 처져 있으니 그런 사람에게는 어떤 일도 맡길 수가 없어요. 두 경우 모두 우주가, 신이 켤 수 없는 악기가 되는 거지요.

이런 상태에서 벗어나 쓰임 받는 악기가 되려면 스스로 긴장과 이완의 조화를 꾀할 줄 알아야 합니다. 조율의 능력이 필요한 거지요. 사람으로 말하면 가장 중요한 것이 머리와 가슴과 배의 조율이에요. 이 세 에너지 센터가 조화를 이룰 때 사람은 온전해지고 원만해집니다. 풀어 말하면 머리는 진리로, 가슴은 사랑으로, 배는 생명의 힘으로 가득 차 있다는 거지요. 이 세 가지가 적절하게 조율되어 있으면 어떻겠어요? 언제 어디서든 누구에게든, 필요한 에너지를 꺼내 쓸 수 있습니다. 자유자재하고 능수능란한 사람이 되는 거예요.

조율 상태를 점검하라

그런데 대개의 사람들은 너무 조여 있거나 느슨해 있는 상태로 평생을 삽니다. 그런 사람들을 악기로 비유하면 아마도 이렇지 않을까 싶어요. 노이로제로 잠 못 이루는 악기, 고혈압으로 스트레스 받다가 터지는 악기, 저혈압으로 늘어져 맥을 못 추는 악기, 녹이

슬어 아예 조율이 안 되는 악기…. 예를 들어 내가 죽어라 돈 버는 일에만 매달려 있다고 칩시다. 가족과 대화도 부족하고 친구와의 교류나 취미생활도 없고, 오로지 삶에 비즈니스만 있다면 어떨까요? 긴장의 연속이겠지요? 한편 당장 눈앞에 처리해야 할 일들이 산더미인데 매일 친구나 만나고 놀러나 다니면 결국 일에 지장을 줄 것입니다. 그래요. 우리의 삶엔 비즈니스만 있는 게 아니에요. 그렇다고 취미생활만 있는 것도 아니지요. 영적인 명상과 기도도 있고, 경제적으로 요구되는 일도 있고, 사회적인 활동의 영역도 있습니다. 그 모든 것이 적절하게 어우러져 전체 삶의 긴장과 이완이 조율되는 겁니다.

그러면 '나의 삶이 얼마나 잘 조율되어 있는가'를 어떻게 점검할 수 있을까요? 뭔가 기준이 있어야겠지요? 그래서 만든 점검표 하나를 소개할까 합니다. 이것은 삶의 여러 영역을 포괄적으로 다룬 것은 아닙니다. 하지만 행복한 삶을 유지하는 데 가장 중심이 되는 영성생활 부분을 점검할 수 있기에, 이 표를 활용하면 삶의 조율 상태를 전반적으로 돌아보는 데도 도움이 되리라 생각합니다.

행복한 삶을 위한 영성생활 점검표

- 당신에게는 외모와 키 등의 신체적인 조건이 가장 중요합니까?

- 현재 당신은 물질적 환경으로 인해 곤란을 겪고 있으며,

그래서 당신은 환경이 바뀌어야 행복할 수 있다고
생각합니까?

- 당신의 만족을 위해 가족, 친구, 이웃 또는 사업을
함께하는 동료와 선후배 등이 달라져야 한다고
생각합니까?

- 당신은 돈이나 사회적인 지위, 일에서의 성공을 성취하지
않으면 삶이 안정될 수 없다고 생각합니까?

- 당신은 다른 사람의 말이나 행동에 의해 쉽게 상처 받거나
화를 냅니까?

- 당신은 새로운 것에 대해 지나치게 방어적이거나
폐쇄적이지는 않습니까?

- 당신은 다른 사람들로부터 특별한 대우를 기대하고,
더 많은 관심과 사랑을 받아야 한다고 여깁니까?

- 미움과 분노, 혹은 두려움이 당신의 태도와 행동을
결정합니까?

- 당신은 현재 누군가를 미워하고 원망하며 탓하고
있습니까?

- 당신에겐 영성생활을 안내해 줄 스승이 없습니까?
만약 있다면 현재 그 스승과의 관계에서 막혀 있지는
않습니까?

중심을 세우면 나머지는 쉽다

위 질문에 '예'라는 대답이 얼마나 많이 나왔나요? 많이 나오면 나올수록 현재 나의 영적인 상태가 잘 조율되어 있지 않음을 보여 주는 것입니다. 하늘과 주파수가 잘 안 맞고 있다는 거지요. 이러면 아무리 세상 영역에서 성공을 하고 물질적인 풍요를 누린다 해도 진정한 행복을 느낄 수가 없어요. 그래서 이 중심을 탄탄하게 세워야 하는 겁니다. 나무뿌리가 튼튼하면 아무리 세찬 바람에도 쓰러지지 않듯이, 우리의 삶도 마찬가지거든요. 중심이 섰을 때는 문제가 없지요. 어떤 일도 경험해야 할 신비가 됩니다. 하지만 그 반대의 경우엔 삶이 온통 풀어야 할 문제가 되는 것입니다. 그래서 아무리 노력을 해도 제 음을 내지 못해요. 삶을 아름답게 연주할 수 없는 거지요.

성경에 야곱이 얍복강 나루에서 천사와 씨름하여 이긴 후 이름을 이스라엘로 바꾸는 장면이 나옵니다. 이 이야기는 야곱이라는 한 인간이 새로운 악기로 탄생했음을 상징적으로 보여주고 있어요. 그동안 야곱은 형과 아내, 자녀와의 관계가 전부 비틀려 있었습니다. 그 원인은 바로 하나님과의 관계가, 즉 자기 존재와의 관계가 정합되지 못한 상태에 있었기 때문이지요. 그 탓에 세상에서의 관계와 사업에서도 끊임없이 불협화음이 날 수밖에 없던 겁니다.

자, 그러니 여러분도 먼저 나의 영성생활이 어떠한지 날마다 챙

기고 점검하기 바랍니다. 위에서 소개한 점검표를 거울에 붙여놓고 눈에 띌 때마다 소리 내어 읽어봐도 좋겠습니다. 그러면 매일 다시 시작하는 기분이 들지요. 다시 시작해야겠다는 결심이 일어납니다.

생각 밖의 신나고 재미난 세상

프로그램을 안내하다 보면 간혹 자기는 모든 일을 하나님께 맡겼다면서, 그것이 하나님을 기쁘게 하는 것이라고 말하는 사람을 볼 수 있습니다. 이거야말로 자기 생각을 하나님의 뜻으로 착각하고 있는 거지요. 그러면 이렇게 호통을 칩니다. "왜 당신 일을 하나님께 맡깁니까? 자기 일은 자기가 해야죠. 그리고 하나님은 늘 기쁜 분이세요. 그러니 하나님 걱정 말고 당신이나 기쁘게 살라고요!"

교회를 오래 다닌 사람일수록 하나님을 잘 안다는 생각에 빠져 있어요. 그러나 그건 결국 자기 생각이지요. 그러니까 그가 믿는 것은 하나님이 아닌 자기 생각이라는 겁니다. 이것을 분명히 보여주는 사례 하나를 아래에 공개합니다.

"아침 님, 전도사가 늦게 잠자는 것이 화가 날 일입니까?"
── 화날 일이 아닙니다.

"그럼 무슨 일입니까?"

——있을 수 있는 일입니다.

"무슨 일이냐고 물었지, 있을 수 있느냐 없느냐를 묻고 있지 않습니다."

"다시 묻습니다. 화가 날 일입니까?"

——화날 일이 아닙니다.

"그럼 무슨 일입니까?"

——아무 일도 아닙니다.

"아무 일도 아니라고 어디에 되어 있습니까?"

——내 생각에 그렇게 되어 있습니다.

"그러면 기도할 일이라고는 어디에 되어 있지요? 덮어둘 일, 지나간 일이라고는 또 어디에 되어 있습니까?"

——모두가 다 내 생각입니다.

"그렇다면 그런 사람에게는 하나님이 어디에 있겠습니까?"

——생각에 있겠지요.

"그럼 내 생각이 큽니까? 하나님이 큽니까?"

——내 생각이 큽니다.

"어때요? 끔찍하지요?"

——……

여러분, 자기 생각 속에 하나님을, 신과 우주를 가둬놓지 마세요. 자기 자신을, 삶을 생각으로 제한하지 말라고요. 나는 예민한 사람, 과거가 불행한 사람, 게으른 사람, 수줍음 타는 사람, 성공지향적인 사람이라고 어디에 되어 있습니까? 삶은 고통스러운 것이고 골치 아픈 것이라고 어디에 돼 있어요? 다 생각이지요? 그러니 그 생각 벗어나면 어때요? 그래요. 헤아릴 수 없이 넓고 깊은 사람, 아주 크고 큰 사람이 됩니다. 원래의 존재로 돌아가는 거예요. 그래서 생각이 끝나는 자리가 바로 하늘이 시작되는 자리인 겁니다. 그러니 그 자리에 내가 두 다리를 굳게 딛고 서면 삶이 정말 쉽고 신나겠지요?

궁극적 조율은 신율

그런데 여러분, 조율에도 단계와 수준이 있다는 것을 알아야 합니다. 가장 낮은 수준의 조율은 타율他律이에요. 다른 사람이나 바깥에서 일어난 사건에 의해 내가 조율되는 것이지요. 이런 사람은 외부의 물리적인 힘에 의해 억지로 맞춰지는 삶을 살게 됩니다. 보통 우리가 쓰는 악기들이 그렇지요? 누군가가 조율해 줘야 비로소 제 소리를 냅니다.

그다음은 자율自律입니다. 스스로 조율하여 소리를 내는 단계이지요. 오직 사람만이 이 자율의 단계를 누릴 수 있습니다. 스스로 변화함으로써, 변화하는 환경에 적응해 나갈 수 있는 거예요. 이런 사람이야말로 공간과 시간과 인간에 맞추어 삶을 조율하는 자율적 인 사람이라 하겠습니다.

세 번째로는 신율神律이 있습니다. 이 단계에 오른 사람은 하나 님의 의도, 신의 의식, 존재의 목소리에 자신을 맞추어 살아가지 요. 우주가 하는 일에 오직 '예' 하고 따르기에, 삶이 쉽고도 단순 합니다. 또 걸림이 없이 자유로우며 외부 조건과 상관없이 행복하 지요.

이 타율, 자율, 신율의 세 단계가 바로 인간이 성숙하는 과정을 보여주는 지표라 하겠습니다. 이를 공식화하면 아래와 같이 표현 할 수 있겠지요.

인간 성숙의 과정 : 타율他律 → 자율自律 → 신율神律

자, 여러분은 어느 단계에 와 있나요? 타율에서 자율로 넘어가 는 중입니까? 아니면 아직 타율에 머물러 있거나, 반대로 이미 신 율에 도달했습니까?

점검표를 매일 읽고 체크하십시오. 그 10가지 목록은 나의 영적 인 건강을 진단하는 청진기, 혹은 거울입니다. 그러니 그것에 비추 어 나의 상태를 파악해야 합니다. 어디에서 어떻게 불협화음이 발생하는지 발견해야 한다고요. 그래야 정확하게 다시 조율할 수 있으니까요. 또한 일 년에 한 번 정도는 일상에서 떠나 조금 길게 조율하는 시간을 갖는 것도 적극 추천합니다. 피정이든 영성 수련이든 기도든, 일주일만이라도 홀로 있는 시간을 가져 보라는 겁니다. 그러면 내가 훨씬 깊고 섬세하게 조율되는 것을, 신율에 한 걸음 더 가까워지는 것을 경험할 수 있을 것입니다.

마흔

지금 '하는' 것이 영원히 '사는' 비결

어떤 남자가 독화살에 맞아 쓰러져 죽어가고 있었습니다. 그러자 사람들이 남자 주변에 몰려들었지요. 남자를 살펴보던 그들이 이렇게 떠들어대기 시작합니다. "화살이 어디 박혔는지 보이나? 심장인가, 배인가?" "얼마나 깊이 박힌 거야?" "어디에서 화살이 날아왔지? 오른쪽인가, 왼쪽인가?" "독의 성분은 무엇이지?" "화살이 아무래도 수입품인 것 같은데….."

여러분, 독화살 맞은 남자는 어떻게 되었을까요? 그래요. 죽었습니다. 사람들이 분석하고 판단하고 논쟁하는 사이에 그만 살 수 있는 때를 놓치고 만 것이죠. 독이 온몸에 퍼지기 전에 빨리 독화살부터 몸에서 제거했다면 살 수 있었을 텐데 말입니다.

ALP에서 말하는 영성이란 바로 독화살을 뽑는 것입니다. 그리하여 사람을 살리는 것이 목적이라는 거예요. 그 화살이 어느 나라제품인지, 화살을 쏜 사람이 전라도 사람인지 경상도 사람인지는 상관이 없어요. 또 화살로 인해 죽어가는 사람이 교회에 나가는지절에 나가는지도 상관없습니다. 다만 '독화살을 제거하여 죽어가는 사람을 살리자'는 것이 ALP가 말하는 영성이요, 영적인 삶이라는 얘깁니다.

사람을 살리고 이웃이 되는 삶

이웃이 병들어 죽어 가는데 교회에 가야 해서 바쁘다고 지나치고, 어린아이가 길거리에서 배가 고파 우는데 죄인의 자식이라고 외면하고…. 그때 예수가 말합니다. 그 어떤 제도보다도 사람이크며, 그 어떤 교리와 신학과 율법도 결국은 사람과 삶을 위한 것이라고 말입니다.

누가복음 14장에도 이런 메시지를 전해주는 이야기가 나오지요. 한 율법사가 예수에게 와서 어떻게 해야 영생을 얻느냐고 묻습니다. 그러자 예수가 이렇게 반문해요. "자네야말로 율법 전문가가 아닌가? 율법에는 무엇이라 기록되어 있으며, 자네는 그것을 어떻게 읽고 있는가?" 이에 율법사가 즉각 대답을 하지요. "율법에는 마음을 다하고 목숨을 다하고 힘을 다하고 뜻을 다하여 하나님을 사랑하고, 또 이웃을 자기 몸과 같이 사랑하라고 기록돼 있습니다." 이 말을 경청하던 예수가 아주 작은 목소리로 짧게 말합니다. "그럼 그렇게 하게. 그렇게만 한다면 아주 잘 살 것일세."

삶은 말이 아님을, 영생이란 말과 개념 속에 있는 것이 아니라 결국 어떻게 사느냐에 달려 있는 것임을, 이보다 더 명쾌하고 간단하게 보여주는 이야기가 또 있을까요? 그러나 아직 예수의 가르침은 끝나지 않았습니다. 한방 얻어맞은 율법사가 "그럼 내 이웃이 누구냐"고 묻자 다시 예수가 그 유명한 선한 사마리아 사람 이야기를 꺼냅니다.

"어떤 남자 하나가 길을 가다가 강도를 만났다네. 돈은 돈대로 다 빼앗기고 몸까지 다친 채 남자는 그만 길에 쓰러지고 말았지. 저쪽에서 장목사가 오고 있었네만, 그는 남자를 그냥 흘낏 쳐다보고 지나갔을 뿐이야. 이어서 이장로와 김집사가 지나갔지만 그들 또한 아무 도움도 주지 않았네. 그런데 생전 교회에는 나가 본 적도 없고 신앙의 신 자도 모르는 서당골 양서방이 그 사람을 지게에 지고 약방으로 옮겨주었다지 뭔가. 그렇다면 강도 만나 쓰러진 남자에게 진정한 이웃은 누구이겠는가?"

이번에도 율법사는 즉시 대답합니다. "그거야 물론 약국까지 옮겨준 서당골 양서방이지요."

그러자 예수가 빙그레 웃으며 이렇게 말합니다. "그럼 자네도 그렇게 하게."

깨어남은 매 순간 진행 중

율법사가 내 이웃이 '누구'냐고 물었을 때, 그는 이미 머릿속에 이웃이라는 개념을 갖고 있었습니다. 어쩌면 그에게 이웃이란 종교가 같고, 피부색도 같고, 학력과 고향이 같은 사람이라는 식으로 개념 설정이 되어 있었을 것입니다. 그래서 따져 묻고 분석하고 판단하고 싶었던 거지요. 내 이웃이 누구며, 어디까지가 이웃이고, 이웃이 되기 위한 조건은 무엇인지 등등을 말입니다.

반면 예수는 어때요? 설명하고 논쟁하는 것은 무의미하다고 단칼에 잘라버리지요. 왜일까요? 사람은, 삶은 개념보다 크기 때문이에요. 그러니 백날 떠들고 논쟁하는 대신에 그냥 도움이 필요한 사람을 찾아가 돕고, 쓰러진 사람을 일으켜 세우고, 죽어가는 사람을 살리라는 겁니다. 그것이 곧 이웃이 되는 길이고 영생하는 비결이니, 지금 그렇게 하라고 알려주는 것이지요.

그런데 많은 이들이 율법사처럼 살아갑니다. 설명하고 개념 정리하고 분석하고 논쟁하다가 인생 다 보내요. 비본질적인 것에 목숨을 거느라 진짜 삶을 놓치고 마는 거지요. 그러면서 영적인 삶을

276

바라고 영생을 얻기를 기도하면 뭐합니까? 여러분, 육체가 영원히 보존되는 것이 영생인가요? 아니지요? 몸은 어차피 지구에서만 유용합니다. 그렇다면 육체에 제한되지 않는 영, 즉 존재로 사는 게 곧 영생이고 영적인 삶입니다. 매 순간 내가 존재임을 잊지 않고, 나의 디자이어, 즉 소질과 재능을 발휘하여 주변 사람에게 진정한 이웃이 되어 주는 게 영생의 유일한 비결이라고요.

영적인 삶과 영생을 한마디로 정의하기란 불가능하지만, 굳이 표현해 보라면 저는 '깨어나기'라 하겠습니다. 그것도 삶으로 깨어나고 일상에서 깨어나는 것이지요. 그래서 진행형이에요. 고정된 것이 아닙니다. 매 순간 나와 내 주변에 무엇이 일어나고 어떤 일이 진행 중인지를 알아차릴 때 깨어남이 가능하다는 거예요. 그러니 내가 보는 것, 듣는 것, 만지고 느끼는 것, 이 모든 것을 고정된 것으로 보지 마세요. 같은 장미여도 어제 본 것과 오늘 보는 것이 다르고, 같은 아내여도 방금 본 그와 지금 보는 그가 다릅니다. 그 사실을 받아들이지 못하고 '같다'고 생각하며 보고 들을 때 삶에 문제가 생기지요. 오해와 갈등이 쌓이고 부정적인 감정이 일어납니다. 자기 존재로부터 점점 멀어지는 거지요. 타인에게 이웃은커녕 원수가 되는 겁니다.

경험이 있어 내가 있다

"내가 있어 경험하는 것이 아니라, 경험이 있어 내가 있다"는 유명한 말이 있습니다. 갈릴리 해변에서 예수를 만난 경험이 있어 베드로가 있는 거지요. 다메섹에 가는 길에 빛을 본 경험이 있기에 바울이 있는 것이고요. 저도 그렇습니다. 1997년 3월 24일 오후 4시가 있어 그가 있을 수 있습니다.

그러니 경험하고 또 경험하십시오. 그것도 지금 해야 합니다. 나중에, 언젠가, 먼 미래에… 이런 말들은 아무 소용이 없어요. 지금 할 수 있는 것을 안 하면서, 지금을 살지도 못하면서 영생을 바랄 수는 없지 않겠습니까?

프로그램 중에 바닥에 놓인 빨간 양말을 가리키면서 묻습니다. "이 빨간 양말 어떻게 신을 수 있습니까?" 그러면 별별 대답이 다 나옵니다. 걸어가서 손으로 집어서 신는다, 집에 가서 신겠다, 사람들이 없을 때를 기다렸다가 신는다… 심지어는 안 신는다고 하는 사람도 있지요. 그런데 제일 쉽고 간단한 건 뭡니까? 그냥 신으면 되잖아요? 그래요. 말이 필요 없어요. 그냥 신으면 되는 겁니다. 다른 건 전부 핑계고 변명이라고요. 그러니 지금 할 수 있는 게 없다고 말하지 마십시오. 청소할 수 있고 웃을 수 있습니다. 만나는 사람에게 고맙습니다, 사랑합니다 말 건넬 수 있어요. 또 기도하고 명상할 수 있습니다. 산책하고 나무와 대화할 수도 있습니다.

삶이란… '사는' 것

여러분, 삶은 동사예요. 움직여서 하는 거라고요. 그때야 비로소 디자이어도 발견하고 존재와도 가까워지고 또 남에게 이웃도 돼줄 수 있습니다.

반면 움직임이 멈추면 죽음이지요. 그때는 육체가 살아 있어도 이미 죽은 겁니다. 그러니 지금 하십시오. 그것도 힘을 다해 마음을 다해, 뜻과 성품을 다해 해야 합니다. 대충대충 건성건성 하면 삶도 그렇게 돼요. 찢어진 종이에 아무렇게나 그은 낙서처럼 된다고요. 그러면 얼마나 억울합니까. 이 아름다운 지구에 와서, 이렇게 귀한 사람의 몸과 의식을 지니고 와서 그렇게만 살다 가면 얼마나 허무하겠느냐고요.

깨어난 의식으로 지금 하고, 지금 함으로써 곧 영생을 누리는 기쁨. 이것이야말로 지구에서만 받을 수 있는 선물임을 잊지 마십시오. 그 선물을 들고서야 비로소 내가 온 자리, 존재의 거처, 아버지의 집으로 돌아갈 수 있음을 기억하세요. 그 기억이 여러분을 움직이게 하고 지탱하게 할 것입니다. 살아 있게 할 것입니다. 삶은 결국 사는 것입니다.

삶은 풀어야 할 문제가 아니라
경험해야 할 신비입니다

초판 1쇄 발행   2018년 1월 20일

지은이   장길섭

펴낸곳   바다출판사
발행인   김인호
주소   서울시 마포구 어울마당로5길 17 5층(서교동)
전화   322-3885(편집), 322-3575(마케팅)
팩스   322-3858
E-mail   badabooks@daum.net
홈페이지   www.badabooks.co.kr
출판등록일   1996년 5월 8일
등록번호   제10-1288호

ISBN   978-89-5561-803-7 03180